JN097553

子ども理解と
教育相談

〜移行期支援の視点から〜

鳥海順子
義永睦子 〔編著〕

東洋館出版社

まえがき

　我が国では近年，学校間連携が重視されるようになりました。この背景には，少子化，情報化，グローバル化，持続可能な開発目標（SDGs）の進展，地域コミュニティの弱体化や核家族化など社会情勢の急激な変化があります。このような変化の中で子どもたちに関する課題は多様化，複雑化しており，それぞれの段階の教育の場が連携し合って解決することが求められています。さらに，それぞれの段階の教育がそこで完結するととらえるのではなく，長期的に見通しをもって，前の段階から次の段階へと円滑に移行できるようにする「連続性・一貫性」の視点が必要とされています。また，我が国では現在，共生社会の形成をめざして，インクルーシブ教育システムの構築を推進しており，通常の学級，通級による指導，特別支援学級，特別支援学校といった「多様な学びの場」と「学びの連続性」も求められています。通常の学級にも，発達障害や日本語指導を必要とするなど特別な教育的支援を必要とする多様な児童生徒が存在しています。

　本書は，子どもの幼小中高の各時期の教育相談の進め方に加えて，移行期支援を重視して作成しました。各時期の子ども理解と，生活と学習を含む教育の課題について校種を超えて共有することは，移行期支援の手がかりとなります。予測できない未来において，子どもたちが自らの可能性を最大限に発揮し，よりよい社会と幸福な人生を創り出していくことができるように，３つの資質・能力の柱が，幼稚園教育要領やすべての学習指導要領の共通の軸となっています。幼稚園・保育所・認定こども園などから小学校へ，小学校から中学校，中学校から高等学校へと校種を超えてこの軸を共有し，教員と関係機関等が子どもを継続的に支援していくことが求められています。保育者や教員を目指す方々には，本書を通して以下の力をつけていただきたいと思っております。

① 　カウンセリングマインドを保育・教育の実践，家庭・保護者との連携に生かせる力

②　子どもに関するさまざまな問題について，担任等が一人で背負い過ぎず，他の保育者や教員，専門家等との連携・協力体制を上手に活用しながら解決していこうとする力

③　子ども理解の方法として，生物的・心理的・社会的側面からの全人的，総合的，関係的な見方を身につけ，学級経営および授業・保育の展開などにおいて子どもに合わせた微調整ができる力

　以上の目的を果たすために，本書は教育相談の場，保育や学校現場などで，保護者や乳幼児，児童，生徒の相談援助にかかわってきた臨床家（教育者や心理士ら）が執筆しています。テキストの各章は，原則的に「基礎理論」「実践と留意点」「演習問題」から構成されています。演習問題には，本書で確認する「基礎的課題」，本書の内容をふまえて身近な問題として考える「発展的課題」，さらに調べてまとめる「レポート用課題」の3種類があります。各章を振り返り，学習を深めるために積極的に取り組みましょう。巻末には，各章の「文献案内」を掲載しましたので，ぜひご活用ください。

　本書は，教職課程コアカリキュラムの「幼児児童生徒理解」および「教育相談」との対応を満たすテキストとなっています。なお，新カリキュラムにおける「特別支援教育」の取り扱い内容の拡大に伴い，「幼児児童生徒理解」「教育相談」の対象に子どもの障害・発達，子どもの貧困，外国籍幼児児童等への支援に関する内容を含めました。また，事例を示すことによって，読者に相談援助の具体的なイメージをもっていただけるようにしました。

　本書が，移行期支援の視点をもった教育（保育）実践に寄与できることを願っております。最後に，本書の出版にあたりご尽力いただいた東洋館出版社の大場亨氏に深く感謝申し上げます。

2021年　春

編著者　鳥海 順子・義永 睦子

CONTENTS

第 1 章 保育における教育相談の意義
～「問題」への全体的・総合的アプローチ～

keyword | 子ども理解に基づいた保育，子どもの評価，
子ども理解の共有プロセス，乳幼児期の教育相談のポジショニング，
保護者の支援と協働（園内外および地域の専門機関等との連携）

1　子どもの問題をどうとらえるか？

(1)　保育における子どもの理解と評価

　「幼児理解に基づいた評価」（文部科学省，2019）では，3つの要領・指針をふまえて，幼児の理解の基本原理とそれに基づく援助の可能性・工夫について述べられています。保育は，「生涯にわたる人格形成の基礎を培う」ために「発達に必要な経験を自ら得ていけるように援助する営み」であり，「幼児の評価」は，①子どもは，どのような人格形成上の経験をしているか，②子どもは，人格形成上の経験を自ら得ていくことができているか，③上記が可能になるためには，環境（人的環境，もの的環境）はどのように改善していくとよいか，という視点で行われます。

　一般には，「子どもを評価する」ことを「子どもに点数をつけ，比較する」ようにとらえられていることがありますが，「幼児の評価」とは，保育を改善していくために行われる子どもの経験や発達のアセスメントであり，子ども同士を比較し優劣をつけるものではないということを，保育者も保護者も深く理解しておく必要があります。

(2)　子どもの相談で「問題」とされることとは？

　乳幼児期や小学校低学年の相談の多くの場合は，「大人が気になる子どもの問題」が教育相談の主訴となります。また，乳幼児期は，子どもの発達や学びが遊びや生活と一体的な中で総合的に進んでいくという特徴があります。ですから，小学校就学前の子どもの相談では，子どもの発達や仲間関係，集団場面

の子どもの様子だけでなく，家庭での生活の仕方，親子やきょうだいとのかかわり方等も相談の主訴となります。小学校以降の教育相談では，学校での学習や生活に関することが，主訴の中心となります。

(3) 子どもの「問題行動」は，子どもからのサイン

では，子どもたちは，「大人が気になっていること」について，どのように感じているのでしょうか？

乳幼児は，自分の心身の状態について言葉で表現することは難しく，また，自分でも何をどう感じているのかをはっきりとはとらえられません。そのため，気になる行動や身体症状など大人から「問題行動」と見えるものも，子どもからのサインととらえ，読み解いていく必要があります。

子どもの行動は，周りの人や環境との関係性に大きく影響されます。子どもを温かい関係の中で見るときに見せる姿と，子どもを否定的・批判的なまなざしで見ているときに見せる姿はまったく異なることもあります。どのような行動にも子どもにとってはすべて何かしらの理由があります。「『突然』『訳もなく』子どもが何かする」と感じられるときには，大人が子どもからのサインを十分に読み取れていないときである場合があります。子どもの表面的な言葉だけでなく，表情，行動，しぐさ，身体症状，また，周りの人やもの等の状況も手がかりとしながら，総合的に子どもからのメッセージを読み取り，子どもの心身の状態や問題状況を理解していく必要があります。

2 子ども理解の視点とプロセス

乳幼児期の保育・教育においては，子ども自身が相談に来るのではなく，保護者と教師・保育者が子どもの相談を進めていきます。ここで必要となる「子ども理解のための3つの視点」と，「保護者と子ども理解を共有し協働するプロセス」について，確認しておきましょう。

(1) 子ども理解の3つの視点とプロセス

子ども理解を基盤としながら教育・保育を行うためには，保育者は①子どもに寄り添う内接的な視点，②客観的に状況をとらえる外接的な視点，③子ども

の内面の理解と客観的理解を統合する接在的な視点，というそれぞれの視点でのポジショニングを意識してかかわり，理解を深めます。さらにかかわりつつ見出した内面理解と客観的理解をもとに，総合的に環境を構成します。

たとえば，気になった子どもの様子があった場合に，①内接的な

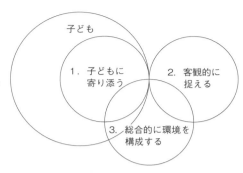

図 1-1　子ども理解のための 3 つの視点

視点から子どもなりの理由や心情を考える，②外接的な視点から，生物心理社会モデルなどを活用して，複数人による行動観察，面談，心理テストなどの結果を活用して客観的情報を得る。さらに，③接在的な視点からそれらを総合して，総合的に環境を構成，調整するという保育者としての働きかけをしていきます（図 1-1）。

(2)　保護者と子ども理解を共有し協働するためのプロセス

保育者は，子どもの理解を保護者に橋渡しをして，子どもの行動や思いを通訳しながら，保護者と相談する立場です。そして，家庭と園とで総合的に子どもへのかかわりや環境調整を進めていきます。

乳幼児などの教育相談のように，子どもの周囲の大人同士が中心に相談を行うということは，カウンセリングとしては複合的な構造となっています。

保育者としては，①子どもの理解を保育に生かして実践しながら，②保育場面からの子どもの理解を深め，③子どもの理解を保護者と共有し，④子どもの問題状況について検討し環境調整を行う，というプロセスがあります。

一方，効果的に保護者と保護者とが協働する基盤として，保護者の理解と養育力支援も必要です。保護者や家庭にもそれぞれの状況，背景，思い等があります。どのように子どもの理解を共有するかを考え，協働の道を創っていきます。保護者の養育力をエンパワーメントする方法として，リフレーミングやモデリング，三者関係理論の活用（義永，2019）などがあります。

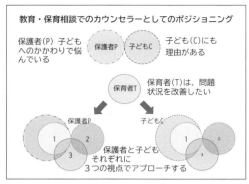

図1-2 保護者と子どものそれぞれの理解を深める

図1-1の3つの視点を活用し，子どもと保護者それぞれへの多面的理解を深めます（図1-2）。子どもへの理解を深め援助するのと同様に，保護者の不安を共有し養育力をエンパワーメントします。

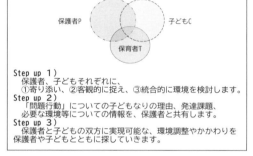

Step up 1）
　保護者、子どもそれぞれに、
　①寄り添い、②客観的に捉え、③統合的に環境を検討します。
Step up 2）
　「問題行動」についての子どもなりの理由、発達課題、
　必要な環境等についての情報を、保護者と共有します。
Step up 3）
　保護者と子どもの双方に実現可能な、環境調整やかかわりを
保護者や子どもとともに探していきます。

図1-3 子ども理解を共有し保護者と子どもをつなぐ

保育者が子どもと保護者の橋渡しをしながら，親子関係の発展や家庭と園で実現可能なかかわり等の環境調整を図ります（図1-3）。

　さらに家庭と園とでかかわりを共有し実践する，保護者と保育者がそれぞれの実践やうまくいった事例を報告し合い工夫していく，必要に応じて関係機関を活用，連携しながら進めていくというように，子どもへのアプローチと保護者へのアプローチを並行，統合しながら行います（第4，7，8，9，15章を参照）。

3　子ども理解の理論と方法

(1)　アセスメント～多面的・関係的な「問題」の理解～

　アセスメントは，子どもの特徴や周りの状況などを多面的に分析しながら，今後の子どもとのかかわり方や環境調整のための手がかりを得ることの全体を

指しています。「人は関係的存在」（松村・斎藤，1991）であり，1つの「問題」と見えることは，多面的に見ていくといくつもの要因が絡まって生じていることです。この子どもが「問題児」であるのではなく，子どもと周りの子どもたち，クラスの活動内容，物理的環境やルールなどとの関係性に問題が生じている，「困っている子どもがいる」と考え，その要因や手がかりを探してみましょう。

　たとえば，たびたび保育室を出ていく，いたずらが過ぎる，おなかが痛くなる，他の子どもに手が出る等，何らかの問題行動や問題状況があるとしましょう。ここで，①問題行動が始まった時期に，思い当たるストレッサーがあるか（心理学的アプローチ），②場面により問題行動の表れ方が異なるなら，どのような環境の要因があるのか（社会学的アプローチ），③常に問題行動が見られるなら，基本的安心感や信頼感が揺らぐような環境なのか（心理学・社会学的アプローチ），④どの場面でもいつでも問題行動が見られるならば，子ども自身の特徴や発達に関する要因があるのか（生物学的アプローチ），というように，さまざまな視点で，子どもにとっての感じ方や理由を考え，子どもの理解を深めていきます。そして，子どもにとっての課題は何か，どのように援助や環境調整をしたら子どもの持ち味やよさが発揮されるのか等の手がかりを得ていきます。必要に応じて，専門機関とも連携します（第3，4章参照）。

(2)　客観的な子ども理解から問題解決への手立てを見出すには

　客観的な子どもの理解を深めるには，参加観察法，面接法，心理検査法等があります。いずれも，子どもにとって有意義な体験となるよう配慮しながら活用し，効果的な援助を考える材料とします。

1)　参加観察法からヒントを見つける

　保育場面や親子面接場面で，子どもの様子を観察します。このとき，その場で直接子どもにかかわったり，見守ったりしながら，その子どもがどのような人やものに興味があり，どのように働きかけたり見守ったりすることが子どもの意欲を高め子どもにとってわかりやすいものになるのかを見つけていきます。複数の人の目で見ながら，より確かな子ども理解につなげていきます。

2) 面接法からヒントを見つける

保護者面談場面では，子どもが同席の場合には，子どもの好きなこと・楽しいことから話題にし，ラポールを築き，子どものよさが発揮されやすい場面や条件を探していきます。そして，苦手なことへの取り組みの方法や環境づくりを考えます。子どもは大人の話の内容に敏感です。子どもが安心できるよう，穏やかに家庭での様子を聞き取り，保護者にとって気になることと目の前の子どもの様子を照らし合わせます。子どもの様子から子どもの気持ちや行動の理由，発達の様子を読み取りながら保護者と共有し，並行して，ふだんの様子との相違のわけを考え，子ども理解を深め，この先のかかわり方を検討します。

保護者からの情報も保育者のもつ子どもの印象も，それぞれバイアスがかかっています。多面的・総合的に子どもの様子や家庭の状況を把握していきます。

3) 心理検査法からヒントを見つける

発達検査や知能検査等の心理検査を子どもに行う場合には，発達指数や知能指数といった結果の数値だけでなく，検査に取り組む子どもの行動観察から得られる情報も貴重です。どのように説明すると理解しやすいか，意欲が増すかに注目します。子どもにとって，挑戦して楽しかったと達成感が感じられるように検査を実施することが大切です。発達検査では，子どもが未経験の項目があれば，今後のかかわりや環境構成で体験できるように工夫します。

専門機関からの検査結果を見る場合にも，どのようなことが得意か苦手か，どのような援助が子どもの意欲や理解，発達の促進に効果的かを読み取るようにしていきます。そして，得意なことから徐々に体験を広げる工夫をします。

どの検査も，子どものある一面を映し出す鏡にすぎません。また，子どもの心身の状態，成長，経験と共に検査結果も変化します。テストバッテリーを組んだり観察法や面接法等を組み合わせて多面的に理解を深めたり，年ごとの経過を見ていきながら子どもの理解と援助に活用するようにします。

4 保幼小の接続に向けて
～「評価」についてのとらえ方の違いを共有する～

　幼児期の評価（幼児の全体的発達の姿をとらえる評価）と，小学校における評価（学習評価）のそれぞれの考え方の違いと共通性について理解することは，幼小接続や幼小連携において，それぞれの教育の特徴を理解し共通の言葉をもって協働していくときに不可欠な知識となります。

(1)　幼児期の「評価」とは

　幼児期は，それぞれの幼児にとって楽しい遊びや生活等の活動のプロセスや経験を通して，学びが成り立ちます。幼児教育で目指される「幼児期において育みたい資質・能力」も3つの要領・指針に示されていますが，これは，ここまで習得させるという「到達目標」ではなく，こういう方向に育みたいという「方向目標」です。「幼児期の終わりまでに育ってほしい姿」では，活動のプロセスでの幼児の経験を重視しています。幼児の遊びと生活等の活動は，一体的，総合的なものです。また，その活動が一人ひとりの幼児の人格形成にとってもつ意味，培っているものを丁寧に見ていく必要があります。

(2)　小学校における「評価」とは

　幼児期に，それぞれの幼児にとって楽しい遊びや生活等の体験を重ねることで，小学校以降の児童期の学びの力の基礎が培われます。小学校では自分の目標を自覚し，その目標に向けて努力することで小学校以降の教育が成り立っています。そして，子どもたちは学習を通して知識の組織化を図っていきます（文部科学省，2019）。小学校においての評価は，「児童の学習状況の評価（学習評価）」です。「指導と評価の一体化」といって，学習の状況をアセスメントし学習指導に生かします。学習指導要領に示す各教科の目標に照らして，その実現状況を評価する「目標に準拠した評価」により，「観点別学習状況の評価」と「評定」が行われています。つまり，小学校の評価は，「到達目標」の考え方で，どのように学習活動が実現したかを評価しています。また，「個人内評価」で，一人ひとりのよい点や可能性，進歩の状況等について評価して児童に伝えることも重要とされています。くわしくは，第8，10，13，14，15章を参照してく

ださい。

(3) 保幼小の接続に向けて

　発達の支援や就学に向けての支援として，園内での保育者と保護者の相談だけでなく，専門機関や関係機関とも連携して，相談活動が行われます。保幼小の接続の支援としては，就学時健康診断や就学相談，就学支援シート等が活用されます。小学校の教育環境としては，スタートカリキュラムや学習環境の在り方がさまざまに工夫されてきています。保育者と小学校教師が「知識及び技能の基礎」「思考力，判断力，表現力等の基礎」「学びに向かう力，人間性等」という3つの柱を共通の拠り所としながら，相互理解を進めることが大切です。

　幼児期の教育と小学校の教育の接続は，たんに小学校の内容，方法，評価方法を幼児期に前倒しして持ち込むことではありません。幼児期の生活と遊びを通して人格形成の基礎を充実させ小学校へとつなぐことで，子どもの伸びしろを育てることができます。このことを教師・保育者，保護者が共有することで，子どもの成長のプロセスでそれぞれの時期に必要な援助・支援を，それぞれの立場で協力しながら進めることができるでしょう（第4章参照）。

演習問題--

① 乳幼児期の子ども理解の意義と特徴について，まとめましょう。

② 乳幼児期の教育相談の意義と特徴について，子ども，保護者，保育者のそれぞれの視点から考えてみましょう。

③ 保幼小の接続期の教育相談や支援について調べ，どのような工夫があるか考察しましょう。

第**2**章 学校における教育相談の意義
～「問題」への全体的・総合的アプローチ～

> keyword ┃ 学校期における問題，学校における教育相談の意義，
> 組織的な取り組み，予防的・開発的カウンセリング，
> 専門機関等との連携

1 教師に教育相談が求められる理由とは何か

(1) 教育相談について学ぶ理由

1) 教育相談をめぐる動き

　第二次世界大戦後，日本の教育は米国教育使節団によって民主化が図られ，米国の教授法やガイダンス等が導入されました。1960 年代になると，公的な教育相談施設が設けられ，学校で生徒指導に関する実践的な研究が始まりました。1970 年代には，校内暴力，落ちこぼれ，登校拒否，非行の粗暴化等が教育上の大きな問題となり，学校の教師にもカウンセリングマインドが求められるようになりました。1980 年代にはいじめによる児童生徒の自殺や他殺も起こり，深刻化する学校の問題を解決するには，カウンセリングの専門家を学校に置くべきではないかということが論議されるようになりました。以上のような動きを受けて，1989 年に，教育職員免許法改正による教職科目（生徒指導，教育相談への知識・理解）が新設されました。また，1995 年度に「スクールカウンセラー活用調査研究委託事業」が始まり，2001 年度から「スクールカウンセラー活用事業補助」として学校にスクールカウンセラーが配置されました。さらに，2008 年度からは社会福祉の専門家であるスクールソーシャルワーカーを学校で活用する事業も始まりました。いじめについては，2013 年 9 月に「いじめ防止対策推進法」が施行され，同年 10 月「いじめの防止等のための基本的な方針」が策定されました。

2) 教師の仕事と教育相談

　教育の目的とは何でしょうか。教育の目的は教育基本法に謳われていますように，「人格の完成」にあります。教師の仕事は児童生徒の「人格の完成」を目指し，学習指導と生徒指導の２つの両輪から成り立っています。ここで言う「生徒指導」はすべての児童生徒を対象とした指導です。文部科学省（2010）の「生徒指導提要」では次のように述べられています。「生徒指導は，すべての児童生徒のそれぞれの人格のよりよき発達を目指すとともに，学校生活がすべての児童生徒にとって有意義で興味深く，充実したものになることを目指しています」。この生徒指導に密接にかかわる活動は特別活動と呼ばれていますが，その中に教育相談も位置づけられています。生徒指導と教育相談の違いとして，生徒指導は主に集団の活動を通して個に働きかけ，教育相談は主に個に焦点を当てて内面の変容を図ろうとする点にあります（文部科学省，2010）。

(2) 教育相談の必要性

1) 学校における問題の多様化と深刻化

　前述したように，学校には多様な問題があり，深刻化しています。このような問題について，児童生徒が支援を必要としているというとらえ方をしてみましょう。学校には不登校，いじめ，自殺，校内暴力，非行，貧困，被虐待，学業不振，発達障害，帰国子女，外国籍，性的少数派等，支援を必要とするさまざまな児童生徒がいます。特に，発達障害については，小・中学生の約6.5%を占めていることが推定されており（文部科学省，2012），対策が急がれます。何らかの支援が必要な児童生徒に関しては第13，14，15章で詳述します。

2) 接続期の問題

　もう１つ最近注目されているのが接続期の問題です。たとえば，みなさんは「小１プロブレム」や「中１ギャップ」という言葉を聞いたことがあるでしょう。前者は，幼稚園，保育所等から小学校へ，後者は小学校から中学校への接続がうまくいかず，学級集団に参加できなかったり，不適応を起こしたりしてしまう状態を指しています。接続期の問題は本書全体を通して考えていきますが，特に第4，5，11，12章で取り上げます。

3） 重視される連携

　学校における多様な問題を解決するためには，学校内外のさまざまな人や機関と連携することが不可欠です。たとえば，接続期の解決では，学校間で連携し，異なる学校へなるべく自然に移行できるように，いろいろな取り組みを始めています。その土台となるのは，それぞれの学校に対する相互理解であり，尊重です。幼児期から高等学校期までを扱っている本書が，相互理解の形成に少しでも貢献できることを願っています。その他，家庭，地域，専門機関等との連携が必要です。どこと，いつ，どのように連携を取っていくとよいのか，連携を行う際の留意点は何かについては，第10，15章を中心に，第11，12，13，14章でも触れます。

(3)　学校における教育相談の意義

1）　教育相談の場としての学校

　児童生徒の学習面，進路面，生活面等に関して教育相談はさまざまな場で行われています。本書では，教育相談所，児童相談所，大学の相談室，学校等で行われている教育相談を広義に「教育カウンセリング」と呼び，その中で学校における教育相談を「学校カウンセリング」，そのうち，教師によ

図 2-1　学校教育相談と他の教育相談との関係

って行われている相談を「学校教育相談」とします。スクールカウンセラーによる教育相談も学校で行われていますので，学校教育相談の中に含める場合もありますが，混乱が生じないよう，本書では区別しておきたいと思います。なお，学校教育相談と他の教育相談との関係を図2-1（国立大学教育実践研究関連センター協議会・教育臨床部会編，2007の図に筆者が加筆したもの）に示します。

2）　学習指導要領における教育相談の位置づけ

　教師が学校で指導する内容について，国としての基準を示したものが学習指導要領です。2017年に告示された中学校の学習指導要領から教育相談に関連

するところを一部引用してみましょう。教師は普段から生徒の様子をよく観察し，時には面接を行い，他の教師から情報を得る等さまざまな方法によって客観的，総合的に一人ひとりの生徒の理解に努めています。第3章では，児童生徒を多面的に理解し，教育実践に生かせるアセスメントについて具体的に述べます。

（中学校学習指導要領　第1章総則第4節　生徒の発達の支援（抜粋））

(1)　学習や生活の基盤として，教師と生徒との信頼関係及び生徒相互のよりよい人間関係を育てるため，日頃から学級経営の充実を図ること。また，主に集団の場面で必要な指導や援助を行うガイダンスと，個々の生徒の多様な実態を踏まえ，一人一人が抱える課題に個別に対応した指導を行うカウンセリングの双方により，生徒の発達を支援すること。

(2)　生徒が，自己の存在感を実感しながら，よりよい人間関係を形成し，有意義で充実した学校生活を送る中で，現在及び将来における自己実現を図っていくことができるよう，生徒理解を深め，学習指導と関連付けながら，生徒指導の充実を図ること。

(3)　生徒が，学ぶことと自己の将来とのつながりを見通しながら，社会的・職業的自立に向けて必要な基盤となる資質・能力を身に付けていくことができるよう，特別活動を要としつつ各教科等の特質に応じて，キャリア教育の充実を図ること。その中で，生徒が自らの生き方を考え主体的に進路を選択することができるよう，学校の教育活動全体を通じ，組織的かつ計画的な進路指導を行うこと。

2　学校における教育相談の進め方

(1)　教育相談の進め方

1)　学校外での教育相談と学校での教育相談

みなさんは教育相談がどのように行われると思いますか。一般的に，面談に

よる相談をしたいと思ったら，まず，予約が必要です。予約の際には，何を相談したいのかについて的確に伝え，その内容について相談ができる場合には予約が成立し，決められた日時に相談に出向くことになります。なお，カウンセリングを支える基礎理論や一般的な相談の進め方については，第6，7章でくわしく説明します。

　一方，学校での教育相談には，教師による教育相談とスクールカウンセラーによる教育相談があります。学校における教育相談のよいところは，児童生徒が早めに相談できたり，教師やスクールカウンセラーが変化に気づいて相談の場を設けてくれたりするところです。学校では，関係者間の調整（コーディネーション）等，直接的，間接的にさまざまな解決に向けての方策を実行できます。また，本人からの相談の他に家族からの相談も行われます。保護者等の相談は，教育相談を通して家族機能を高めながら，間接的に本人への支援につなげるもので，「コンサルテーション」と呼ばれています。コンサルテーションおよびコーディネーションについては第8章でくわしく説明します。

2）　学校教育相談の特徴

　学校教育相談の特徴は，当然ではありますが，教育相談の対象が子どもであることです。前章の幼児期と同様，小学校以降も相談から解決までの見通しは子どもの発達に大きく影響を受けます。大人が気にかかることを必ずしも本人が気にしているわけではありません。たとえば，子どもは自己を客観的にとらえたり，問題に気づいたりすることが難しかったり，大人の価値観と子どもの価値観がずれていたりします。心の中で何かもやもやしているけれど，それをうまく表現できなかったり，相談を勧めても拒否したりします。日々成長している子どもへの支援はずっと同じでよいとは限りません。発達の次の段階を想定しながら，個人差もふまえて支援を考え，適宜調整が必要です。

　また，学校教育相談では相談に応じるのが教師であることも大きな特徴です。ふだん指導を行っている教師が行うので，前述したようなよい面もたくさんありますが，同時に難しさもあります。教師は教育者として教育的望ましさや社会的規範に則って指導します。子どもが約束を守れない状況が生じたとき，教

師はそれを正す立場にあります。一方で、教育相談を行う際の基本的態度では、相手の話をじっくり聞き（傾聴），共感し，受容することが大切とされています。教師が守りたいと思っている教育的望ましさと子どもの気持ちに寄り添うこととを両立させることは，実際には容易なことではありません。学校教育相談を行うには，教師の高い専門性が求められます。さらに，学校では組織的な取り組みと連携が大切にされています。相談を受けた教師は，学校の責任者である校長をはじめ，必要に応じて養護教諭，クラブ顧問，前年度の担任等と情報を共有します。情報を共有すべき関係者の範囲は，相談の内容に即して慎重に判断し，これらの重要な情報は，そこにかかわる人たちのみで共有し，秘密を守ります（集団守秘義務）。教師だけでの解決が困難な場合には，スクールカウンセラー，ソーシャルスクールワーカー，教育委員会，児童相談所等の専門家や外部機関と役割分担をしながら，解決に向けてチームを組んで対応します。円滑な協力体制を組むために学校とスクールカウンセラーは，カウンセリング上の守秘義務と集団守秘義務についてあらかじめ相互理解を図っておくことが大切です。学校で行う教育相談については第 10 章でさらにくわしく説明します。

3) 学校における教育相談の留意点

　これまで述べてきたように，教育相談は教育上重要な役割を担っていますが，もっと大切なことは問題が生じないように未然に防ぐことや，もし生じても深刻化しないようにすることでしょう。これらを「開発的・予防的カウンセリング」と言い，学校ではすでに，一次予防（予防的援助・発達促進的援助：普遍的介入）と二次予防（早期発見・早期対応：選択的・指示的介入）が行われています。一次予防の 1 つである予防的援助は，多くの子どもたちが直面する課題を予想して，すべての子どもを対象にあらかじめ対応を行います。みなさんが経験した新入生のためのオリエンテーションや行事も一次予防に該当し，接続期の抵抗感を和らげる取り組みといえます。発達促進的援助では，日常的に児童生徒の心身の発達を促進し，適応力を育み，学校生活を自分らしくいきいきと過ごせるように支援します。予防的視点をもった持続的で効果的な実践を行うには，教師の資質向上や関係者の協力体制等が欠かせません。開発的・予防的カウン

セリングが学校でどのように行われているのかについては，第11章，第12章で具体的に説明します。

　もう1つ押さえておかねばならない新しい視点があります。私たちの社会は現在，「誰もが相互に人格と個性を尊重し支え合い，人々の多様な在り方を相互に認め合える全員参加型の社会」（中央教育審議会，2012）である共生社会をめざしています。学校でも共生社会の実現を図るために，インクルーシブ教育に取り組んでいます。インクルーシブ教育は，必ずしも障害に限らず，外国籍や貧困，性的少数派，英才など特別な教育的ニーズをもつすべての子どもたちを含む教育を意味します（ユネスコ，1994）。以上のように，学校でも多様性に応じた教育が必要とされていますので，学習指導要領（2017年告示）に新たな内容が加わりました。たとえば，障害のある児童生徒等への指導の具体的な内容，海外帰国子女への日本語指導，不登校への配慮，さらには，学校段階間の接続についての内容が追加されました。

(2)　学校における教育相談の今後の課題

1)　教師が児童生徒と向き合う時間の確保

　学校における教育相談の重要性や教師に望まれる高い専門性について述べてきましたが，最近，教師の多忙化が指摘されています。教師の業務上の負担を軽減することは，教師が児童生徒と向き合う時間を増やし，早めに児童生徒の変化に気づくことが期待できます。人工知能の進歩等，予測不可能とされる未来でも，次世代を育てる教育は人間にしか行えない希少な仕事としてとらえられています。特に，教育相談に関する知識や技能は教育の根幹となるものではないでしょうか。教師の業務を見直し，教師が教育に専念できるよう対策が求められます。さらに，教師とスクールカウンセラーやスクールソーシャルワーカー等の専門家が連携しやすくなるように，それぞれの役割の見直しや仕組みづくりも必要と思われます。

2)　学校における教育相談を支える実践的な研究

　学校の多様な問題を解決するために，教育相談の実践を蓄積し，客観的に検証していく実践的な研究が必要です。たとえば，不登校の問題を考えてみまし

ょう。小・中学校を合
わせた児童生徒数を調
べると，2010 年 は 約
1200 万人でしたが，
2019 年 に は 約 963 万
人と確実に少子化が進
んでいます。一方，不
登校児童生徒数は図
2-2 のように，2010 年
には約 12 万 7000 人で

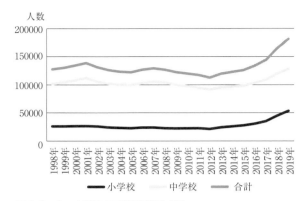

図 2-2　小・中学校の不登校児童生徒数

したが，2019 年には約 18 万 1000 人と過去最多になりました（文部科学省，
2020）。不登校に対して国も学校もいろいろな対策を講じているのですが，なか
なか歯止めがかかりません。学校における教育相談は学校が中心となり，心
理，福祉，医療等複数の専門機関が協働して行うチームによる支援です。各専
門機関がいつからどのような支援をどのくらい実施してどのような結果が得ら
れたのかを丁寧に分析していく必要があります。なお，社会や時代が急激に変
化を遂げる現代にあって，それぞれの分野にも新しい考え方が生まれています。
学校における教育相談を発展させるために，異なる分野がそれぞれの専門性を
発揮しながら，体系的に研究を進めていくことが望まれます。

演習問題--
① 　学校教育相談の特徴について簡潔にまとめましょう。
② 　あなたが小学校（幼稚園）の先生だったとして，日本語がわからない外国籍の
　　児童（幼児）が入学（園）しました。チームによる支援について考えてみましょ
　　う。
③ 　文部科学省の「児童生徒の問題行動・不登校等生徒指導上の諸問題に関する
　　調査結果」から不登校についての結果を調べ，その結果を考察してみましょう。

第 3 章

アセスメントに関する
基礎的理解

keyword ▌ 生物心理社会モデル，アセスメントを行う際の基本姿勢，
アセスメントの方法，チーム学校，関係機関との連携

1　アセスメントとは何か

(1)　アセスメントの目的

　アセスメントとは，観察や面接，心理検査等で得られるさまざまな情報から，子どもが抱えている問題を理解しようとすることを指します。アセスメントをすることで，子どもにとって必要な支援の方針を立てることができます。

(2)　生物心理社会モデルによる問題の把握

　何か問題が起こったとき，その要因が1つであることはまれで，ほとんどの場合，複数の要因が重なり合っています。仮説を立てたり，支援方針を立てたりする上で「生物心理社会モデル」を用いて問題点を整理すると，多角的に課題をとらえることができ，有効な支援を考えることに役立ちます。

1)　生物学的視点

　生理的，器質的な要因や疾病といった生物学的な要因の可能性を常に念頭に置き，可能性が考えられる場合は，医療を勧めます。主な支援方針は，医学的な対処や薬物療法になりますが，医療と連携しながら，教育現場として支援方法を探っていくことも重要です。

2)　心理学的視点

　心理的葛藤やストレス場面に出会ったとき，その場面をどのように認識して対処したかや，どのような感情をもったかに視点を置きます。ネガティブな感情であっても，さまざまな感情が湧き上がることは，人として自然なことです。湧いてきた感情に対して，どのような行動を取るかは，その人自身の選択によ

るものです。課題となった行動が起こった際，その行動を取るに至った経緯や気持ちの変化を整理することで，要因を切り分けていきます。支援の方針としては，湧いてきた感情を受容した上で，どういう行動を取るべきだったかを振り返る作業になります。心理の専門家によるカウンセリングや心理教育が必要となる場合もあります。

3) 社会学的視点

生物学的，心理学的に同じであっても，人々の行動はまったく同じであることはなく，社会学的な要因に大きく影響を受けています。同じ子どもであっても，家族と楽しい時間を過ごして登校したときとけんかをして登校したときとでは，その日に取る行動は異なります。これまで育ってきた環境，家庭や園・学校における人と人との関係，利用している社会資源の情報等を入手します。

(3) アセスメントを行う際の基本姿勢

子どもが課題を克服し，成長していくために，子ども自身のよさや伸ばしたい点に重点を置きます。子どもに課題となる行動が見られたとき，その子ども自身の問題ととらえるのではなく，「子どもなりの理由，そうせざるをえない状況があった」という視点に立ちます。また，同じ診断名，同じ検査結果であっても，まったく同じ子どもはいません。診断名や検査結果が独り歩きすることがないよう，一人ひとりの子どもの特徴を，生物学的視点，心理学的視点，社会学的視点のすべてから丁寧に見ていき，子どものよさを発揮させる手がかりを探します。

子どもが課題を克服し，成長していくために，子どもの周りの環境がもつ資源も重要な役割を果たします。具体的には，担任や部活動の顧問といった学校の先生，保護者，習い事の先生や仲間等がこれにあたります。これらの資源のうちの１つがよい方向に変わると，これまでの問題状況がよい方向に向かって連鎖的に動き出す可能性があります。子どものよさが引き出せるよう，環境調整できるとよいでしょう。

⑷　アセスメントの方法

1)　行動観察によるアセスメント

アセスメントをする際，行動観察から多くの情報を得ることができます。子どもを取り巻く環境と，人と人とのやりとりの中で，その子どもがどのようにふるまったかの情報を収集し，整理していきます。

2)　面接によるアセスメント

子ども自身や保護者から聞き取った内容をもとにアセスメントを行います。成育状況，疾病の有無，運動機能，認知や知的な側面，生活面に関すること，保護者やきょうだいとの関係，その他の人との関係，経済的な状況，利用可能な社会資源の情報等を可能な限り聞き取るようにします。保護者によっては聞かれたくない内容の場合もあります。親子同席の場合には子どもも大人の話の内容を気にしています。信頼関係を構築するため安心して話せることを第一に考え，保護者や子どもの様子を見ながら，慎重に情報を収集します。

3)　検査によるアセスメント

保護者や子どもが医療や相談機関を利用し，医療面の検査や発達検査や知能検査などを受けている場合があります。検査結果は，行動観察や面接によるアセスメントを裏づけ，課題となっている行動の要因を理解する上で，重要な役割を果たします。検査結果の内容を読み取ることが難しい場合は，園や学校の巡回心理相談員，自治体等の心理相談員，スクールカウンセラー等の専門家に相談するとよいでしょう。

4)　関係機関からの情報把握によるアセスメント

子どもによっては，医療機関や相談機関，保健センター，子ども家庭支援センター，児童相談所，福祉事務所等とかかわりがある場合があります。関係機関から情報を収集し，子どもが置かれている状況の把握に努めましょう。

⑸　情報の整理

これまでに述べてきた方法を用いて集めた情報を書き出していきます。「チーム学校」を構成する地域の専門機関のメンバーに当該児童生徒の様子を的確に伝えるために，情報の整理は重要です。生物学的視点，心理学的視点，社会

学的視点ごとに，「いいところ」「気になるところ」「行った支援とその結果」について一覧表にするとわかりやすいでしょう。

⑹　発達的な理解～DSMによる主な診断名の概要～

　発達障害の診断ができるのは医師だけですが，その概要を知っておくことは，アセスメントをしたり，支援方法を考えたりする上で役に立ちます。主な発達障害の特徴について確認しておきましょう。

1)　注意欠如・多動症（注意欠陥多動性障害，ADHD）

DSM-5では，

・持続して見られる注意力の問題や多動・衝動性

・症状は12歳以前に現れる

・症状のいくつかは，複数の場で認められる

・症状により，社会的生活や学業において支障をきたしている状態が明らかに認められる

・自閉スペクトラム症との併存診断が可能

　具体的には，

・忘れ物やなくし物が多い

・不注意なミスが多い

・おしゃべりが多い。思ったことをすぐ口にする

・順番を待つことが難しい

・ちょっかいを出す

・物事を順序立てて行うことが難しい

・勉強や遊びに集中できない

・走り回ったり，高いところへ上がったりする

等の様子が見られます。

2) 自閉スペクトラム症（自閉症スペクトラム障害，ASD）

> DSM-5 では，
> ・意思疎通や対人交流に関する問題が，持続的に複数の場で認められる
> ・限定された行動パターンや限定された関心・活動領域の反復
> ・症状は発達早期に見られなければならない
> ・社会生活，その他の重要な領域で大きな支障をきたしている

　具体的には，

・見通しがもてないことへの不安が強い

・こだわりが強い

・感覚の過敏がある（音，光，匂い，感触等）

・他人の感情やその場の状況を読み取れない

・わがままで自分勝手と受け取られやすい

・曖昧な表現（「大体」「概ね」「ほどほどにしろ」等）の言葉の汲み取りや慣用句の理解が苦手

・授業中に内容と無関係な発言が見られる

等の様子が見られます。

3) 限局性学習症（限局性学習障害，SLD）

> DSM-5 では，
> ・以下の学習スキルの習得と使用の困難の1つ以上が6か月以上続いている
> 　(1) 不正確な読み，時間がかかる読み方，苦労して読む
> 　(2) 読んだことの意味が読み取れない
> 　(3) 綴りが覚えられない
> 　(4) 文章を書くことが苦手
> 　(5) 数感覚，数的事実，計算などの習得が困難

(6) 数学的推論が苦手

・学習スキルの問題は，暦年齢から明らかに下回り，学業や日常生活に著
　しい支障をきたしている

　限局性学習症の場合，つまずきの箇所により支援方法が異なってきます。具
体的にどの部分につまずきがあるかを確認します。たとえば，書くことに困難
さがある場合，聞いた言葉を話すことができるかを確認することで「聴覚」の
課題について，文字を見て判断できるかを確認することで「視覚」の課題につ
いて，見た文字を書くことができるかを確認することで，視覚から運動機能へ
の「処理・統合」の課題について確認することができます。

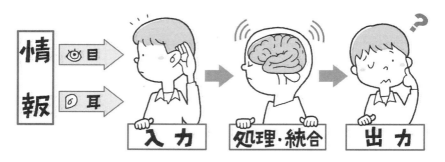

図 3-1　つまずきの把握

2　アセスメントの進め方

　具体的な事例をもとに，アセスメントをしてみましょう。

(1)　小学校低学年　男児　Ａくん

1)　学校での様子

　Ａくんは感情の起伏が激しく，カーッとなると他の児童を叩いたり，
蹴ったりします。体育の前後の着替えのとき，図工や図書の時間に教室を

移動するとき，中休み直後の昇降口で，トラブルになることが多いです。給食は好き嫌いが多く，ほとんど食べることができません。他の児童から「好き嫌いは，いけないんだよ！」と言われ，給食のトレーをひっくり返したことがあります。散乱した食器類を見ると，はっとした顔をして泣き出しました。硬筆書き初めでは，必ず3行目あたりで失敗して，何度も書き直していました。授業参観で，後ろを振り返り，保護者が来ていないことに気づくと，泣きながら教室を出てしまいました。

2）　アセスメントと今後の支援方針について

まずは学校での様子からアセスメントを行い，支援方針を立てていきます。

衝動的な行動，刺激が多い場面でのトラブル，偏食，集中力が短い様子が見られることから，生物学的視点において何らかの課題がある可能性がありそうです。医療や相談機関等にかかわっているかどうかを確認します。

衝動的な行動は，やってはいけないとわかっているけれどやめられない，本児の苦しい気持ちが読み取れます。硬筆書き初めでは，一生懸命やろうとする様子がうかがえます。心理学的視点では，課題となっている行動が多くある中で，できていること，伸ばせそうなところを見つけることが重要になります。

授業参観の様子から，保護者との関係も気になります。社会学的視点から，保護者とのかかわりについて確認します。場合によっては，関係機関も視野に入れ，情報を収集します。また，衝動的な本児の様子から，家庭においても保護者が困っている可能性が考えられます。利用できる社会的資源の情報を保護者に伝えていけるとよいでしょう。

本児の日々の様子を整理する中で，衝動的な行動が起こるタイミングの特徴が見えてくる可能性があります。体育の着替えの際は，必ず近くにいて本児の気持ちに寄り添ったり，特定の児童とのトラブルが多い場合は，本児のみならず，トラブルとなる他児に寄り添ったりすることで，他児の行動に変化が生じ，結果的に本児が落ち着くといった予防的な支援方針を立てることもできます。

(2)　中学生　女子生徒　Bさん
1)　最近の様子

　Bさんは，クラスのリーダー格の女子生徒から，無理難題を押しつけられ，断れない状態が続きました。朝，起きられなくなり，学校に登校できなくなりました。部屋はだんだん物が散乱し，保護者が部屋に入って整理をすると暴力をふるうようになりました。一方で，機嫌のよいときは，「お母さん，お願い。プリントをいっしょに探して」と甘えてきます。小学生の頃から，時間割を合わせる際は，ランドセルの中身を全部出さないと，持ち物を把握することができませんでした。

2)　アセスメントと今後の支援方針について

　生物学的視点から見てみると，朝起きられない状態は，何らかの疾病が隠れている可能性が考えられます。また，小学生の頃の様子から，発達に課題がある可能性もあります。保護者には養護教諭から伝えたほうが受け入れやすい場合もあります。養護教諭や特別支援教育コーディネーターと相談しながら進めるとよいでしょう。

　心理学的視点からは，クラスのリーダー格の女子生徒との関係により，精神的に負担がかかり，不登校になってしまった可能性が考えられます。心の専門家によるカウンセリングを視野に，支援を進めていきます。当該生徒が家から出られない等，直接的な支援が難しい場合はスクールソーシャルワーカーを利用する方法もあります。

　社会学的視点からは，不登校に至った要因として，クラスのリーダー格の女子生徒との関係はもとより，他の生徒や教員との関係についても確認します。保護者との関係も適切ではない様子がうかがえます。これまでの成育状況や親子関係について確認できるとよいでしょう。場合によっては，保護者に対してカウンセリングやペアレントトレーニング等を取り入れていきます。

　このケースのように，起こっている事象に対する要因が複雑に絡み合ってい

ると思われる場合,「チーム学校」を意識して対応していくとよいでしょう(チーム学校については, 第7, 8, 9, 10章の園内・校内連携の進め方の例を参照)。

演習問題
① 生物心理社会モデルについて説明しましょう。
② 具体的な事例を思い浮かべ, 情報を整理し, 支援方針を立ててみましょう。
③ 「チーム学校」を構成するメンバーとそれぞれの役割について, 具体的に調べてみましょう。

第 4 章

保幼小連携の接続期支援と
子どもの理解

keyword ┃ アセスメント，保護者との協働関係，就学相談，就学支援シート，
交流活動

1 保幼小の連携とは何か

(1) 子どもの状態の把握

　小学校入学が近づくにつれて，入学に不安を感じている保護者に保育者が寄
り添ったりする機会が増えていきます。日々の子どもの様子を整理し情報を収
集しながら，アセスメントを行います。その際，子どものよさや伸ばしたい点
に重点を置いて整理しておくと，子どもの理解を保護者や学校と共有する上で
スムーズに対応できます。また，就学に向けての作業は，これまでの園と保護
者との関係が集約，反映されます。日頃から，保護者と協働関係を意識したコ
ミュニケーションや，職員同士の話し合いを十分に行い，園と保護者で子ども
の理解を一致させておきましょう。

1) 園での様子の整理

　園での子どもの様子を整理するときには，子どもの特性に合わせた工夫や，
うまくいった具体的配慮について書きとめましょう。また，1 年の流れの中で
子どもの様子で気づいたことも，支援の手立てを考える上でのヒントになりま
す。たとえば，年度はじめの様子から「初めての場面に対する反応」，少人数
場面やクラス活動場面から「人とのかかわりやコミュニケーションの取り方」
の特徴，お泊り保育の様子から「情緒の安定」や「身辺自立」，運動会やお遊
戯会等では，「音や物への反応」「集中の様子」等を確認することができます。

2) 家庭での様子の確認

　家庭では，子どもに個々に応じたり，決まったルーティンで生活したりして

いるため，園で課題となっている行動が，家庭では気にならないことがあります。家庭での様子を確認し園の様子と比較検討することで，課題となっている行動の要因を絞り込み，どのように環境を調整すればよいかの見通しを立てることに役立ちます。また，保護者自身が抱えている子育てに関する悩みを共有でき，保護者を支えることで，子どもにとってよい環境を整えることにつながります。

3） 関係機関との連携

医療や療育等の複数の専門機関にかかわっている場合は，それぞれの機関の認識にずれがあると，保護者は混乱してしまいます。それぞれの機関が連携することで，保護者自身に安心感が生まれ，園と家庭も協働しやすくなります。

(2) 就学に向けての準備

小学校での生活に支援が必要と思われる場合は，小学校での受け入れがスムーズになるよう，さまざまな準備をしていく必要があります。

1） 就学相談

子どもの発達の特性や状況から，特別な支援が必要，または心配がある場合，就学相談を勧めます。就学相談では，子どもの特性や状況を確認し，最も力を伸ばしていける就学先について，保護者と一緒に考えていきます。

特別な支援を行う就学先としては，特別支援学校（知的障害，肢体不自由，視覚障害，聴覚障害等），特別支援学級（知的障害等），通級による指導（難聴，言語障害，情緒障害等）等があります。園では，4歳児（年中）クラスの間に子どもの状態を把握しておき，5歳児（年長）クラスに進級した際に，保護者の意向を聞きながら情報提供していけると，保護者が納得して就学先を決める時間的余裕が生まれます。保護者には，通学可能な学校・学級の様子を見学しながら，それぞれの子どもが学びやすい場を検討していくことを勧めるとよいでしょう。保育者は，保護者が選択するプロセスを支えます。

2） 就学支援シート

就学支援シートとは，幼稚園，保育所，療育機関等の子どもの様子や支援の様子等を小学校に引き継ぐとともに，就学後に必要と思われる支援等について，

保護者と園・学校が共に考えていくことを目的として作成します。小学校への提出期限はおおむね2月末〜3月中旬頃になります。学校によっては、管理職が面談の機会を設け、保護者や子ども本人から、就学後の要望や不安等を聞き取る場合があります。一方で、保護者が作成の主体として動くのではなく、園が、保護者にシート作成の同意を求め、園が主体で作成する市区町村もあります。就学支援シートの名称や入手方法は自治体によって異なり、新1年生のいる家庭や園への送付、保護者による行政機関からの取り寄せ等があります。

　就学相談で「通常学級適」の判定が出た場合や、園での子どもの様子から小学校での生活に支援が必要と思われる場合は、就学支援シートの作成を保護者に勧めておくと、入学後に学校生活をスムーズに送ることが可能になります。

　3) 小学校および関係機関との情報交換

　各園で作成している保育要録、指導要録等の小学校への提出は、園での子どもの様子を伝えるよい機会です。小学校にとっても、就学相談や就学支援シートを利用していないすべての子どもについて情報を得る貴重な機会となります。

2　幼小連携の進め方

(1) 園での取り組み（就学に向けて、担任が心配しているケース）

> 　午前中は床でゴロゴロしていることが多い。先生とは遊ぶことはできるが、他の園児と遊ぶことはない。ドッジボール等、ルールのある遊びは難しい。製作の場面では、一斉指示で理解することは難しく、毎回、個別で対応している。予定の変更に柔軟に対応することが難しい。他児が本児を馬鹿にすることが次第に多くなり、担任は気にしていた。食事や着替えといった生活面について課題はなく、スムーズにこなせている。

1) 園での様子を整理する

　子どもの状況について、何がどこまでできているか、援助が必要なこと、困ったこと等を書き出していきます。書き出した項目について、かかわりの工夫、

保育環境の構成の工夫，保育の流れや進め方の工夫等を記入し，その後の変化を書き出してみましょう。表 4-1 はその例です。

表 4-1　園での様子と取り組み例

子どもの状況	取り組み状況	その後
午前中は床でゴロゴロする。 →体幹が弱いのではないか。	身体を使った遊びを取り入れる。 保護者に様子を伝える。	保護者が医療を受診し，療育につながる。自分の荷物は自分で持って登園するようになる。 →床でゴロゴロすることはなくなった。
他児と遊ぶことがない。	他児と遊びたいのか，一人がいいのか，本児に気持ちを確認する。 →遊びによっては他児と遊びたい気持ちがある。	気持ちが満たされ，のびのび遊ぶことが多くなった。興味のある遊びの輪に自分から入れることが増えた。

2）　家庭との連携

　園での様子や，園で取り組んでいる内容について保護者に伝えます。園の取り組みを家庭に伝えることで，保護者も安心し，家庭でできることを模索する協働関係が生まれます。このケースの保護者は，もしかしたら以前から子どもの成長に対して不安を抱えていて，園から聞いた子どもの様子から，医療を受診する一歩が踏み出せたのかもしれません。

3）　関係機関との連携

　療育機関の専門的な立場からの見立てを聞き，担任自身のアセスメントとの整合性を確認したり，療育機関として，就学相談の必要性についてどのように考え保護者に説明しているのかについて確認したりします。

　療育機関に連絡を取ったところ，療育機関から保護者に就学相談を案内し，すでに申し込んでいるとのことでした。

　後日，保護者から園に「就学相談に行ったが，通常学級で大丈夫と言われた。でも，やっていけるかどうか不安なので，就学支援シートを書いて

ほしい」と依頼がありました。

　就学支援シートは，子どものよさや，今後伸ばしていけそうなことに重点を
置き，記入していきます。ちょっとした支援でうまくいったことがあれば，必
ず記入します。小学校で同じ場面になったときに，一からアセスメントをして
支援方法を考えるより，いち早く有効な支援方法にたどりつくことができるこ
とを意識して記入します。このケースの場合は，人とかかわりをもちたい気持
ちはあるけれど，なかなか一歩が踏み出せないことや，興味のある遊びなら積
極的に動けることや，担任が寄り添うとできることがあることを記入できると
よいでしょう。

(2) 小学校における就学予定児童の受け入れ体制づくり

1) 入学前の就学予定児童の人数確認

　小学校には，複数の幼稚園や保育所，認定こども園から児童が入学してきま
す。大規模の小学校では20以上の園から入学しますから，就学予定児童の様
子を事前に把握して，入学前に新1年生の学級編制を行い，受け入れ体制を整
えた上で入学式を迎えることは重要なことです。

　小学校では教育委員会が作成する学齢名簿で就学予定児童を確認します。学
級編制は2021年に改正された「公立義務教育諸学校の学級編制及び教職員定
数の標準に関する法律」に基づき，学級人数は全学年35人以下となります。

　入学児童数の調査と並行して，秋頃に学校説明会を行って学校の教育活動を
紹介している小学校も多くあります。たとえば，秋の運動会や作品展等の学校
行事の際に入学予定の家庭に学校を参観してもらい，日常の学校生活の様子や
特色ある教育活動を紹介し，学校経営方針等の説明をするなどします。児童や
保護者に小学校を知ってもらい，さまざまな疑問や質問，問い合わせに答える
ことで，小学校に親しみを感じ，入学の期待感や心構えを育むように努めてい
るのです。

2） 就学時健康診断と就学相談

　1月～2月の頃に，各学校では就学時健康診断を行います。これは，学校が就学予定の児童を直接把握する重要な機会となっています。ここでは，歯科や耳鼻科，眼科，内科等の学校医が一堂に会して就学児童の健康診断を行うとともに，保護者と離れ一人で行動する様子や，同年代の子どもたちとのかかわり方を観察したり，簡易的な知能検査等を行ったりします。その際に，複数の教師がさまざまな状況における就学児童の対人対応や言動，指示への反応等を観察し，気にかかった児童を把握します。通常，健康診断の最後には，親子での面談があり，そこでは健康診断等の診断結果や教師による観察結果が集められ，保護者に就学前に治療したほうがよい疾患を伝えるとともに，入学に際しての不安や疑問，児童の生育等についての相談を受け，当該校に入学をする予定であるのか否かの見通しを直接確認します。

　また，この面談では，通常の学級においては支援が必要ではないかと疑われる児童の保護者に，別途教育委員会が行う就学相談を勧めます。これは，専門家によりくわしい検査をしてもらい，教育的視点や医学的視点等からのさまざまな意見をもとに，児童の望ましい成長・発達のための就学や支援の在り方を検討して，就学児童にとって最も適した教育環境を準備するためです。

　この教育委員会の就学相談は，就学時健康診断時だけでなく，随時保護者が直接相談をすることができます。「話が聞き取りにくい」「言葉がはっきりとしない」「他の園児といっしょに活動ができない」など発達上や健康上の心配にも対応をしており，園からの声かけを受けて就学時健康診断前に相談をしている事例も多くあります。就学時健康診断で保護者から就学相談を受けていることを聞いた場合には，今までの指導や支援の経緯を聞き，小学校ではそれらの指導や支援の継続を適切に図るようにします。

3） 幼稚園・保育所・認定こども園からの情報の確認と小1プロブレム

　3月に入ると，各幼稚園・保育所から，園での児童の様子が書かれた指導要録や保育要録が順次小学校に届けられます。しかし，指導要録などが全部そろう前に，小学校の先生が園に出向いて保育の様子を参観したり，園の先生に小

学校に来てもらったりして，就学予定児童，および家庭の保育上の留意点の引き継ぎをします。このように，早めに就学予定児童が通う園と連絡を取るのは，3月中に新1年生の学級を編制する必要があるからです。

　新1年生の学級編制では，近年「小1プロブレム」の発生が問題となっています。入学当初の子どもたちは，小学校の生活に慣れていないのは当たり前ですが，近年，入学後しばらく時間が経っても教員の話を聞けなかったり，授業中に勝手に歩き回ったりするなどして長期間にわたり授業が成立しない，というケースが増加しています。これが「小1プロブレム」です。多くの学校では，園からの情報をもとに，リーダー性のある児童や特別な支援が必要な児童等が特定の学級に偏らないようにしたり，教育的な配慮をして親しい友達とクラスをいっしょにしたり，あえて友達と分けたりして学級編制をします。事前の調査による学級編制で，小1プロブレムが発生しないように工夫をしているのです。

　4）　小学校と幼稚園・保育所との交流活動
　小学校における幼稚園・保育所・認定こども園との連携の方法は，このほかにもさまざまなものがあります。ある園では，毎年2月くらいに年長クラスの園児を引率して小学校体験をしています。事前に小学校の先生方と打ち合わせをして，小学生は生活科の学習活動を行う際の来客として就学予定児童を招き，小学校生活を紹介したり，学習で作った遊具を使ってお店を開き，遊ぶ体験をしたりします。この活動では，小学生にはお兄さん・お姉さんになったという自覚を育み，幼児には小学校への理解と親しみを培うことを目的としています。

　小学1・2年生を対象とする生活科は，具体的な活動や体験を通して，身近な生活にかかわる見方・考え方を生かし，自立し生活を豊かにしていくことを目的としている教科です。内容を取り扱う上での配慮事項の1つとして，身近な幼児等の多様な人々とふれあうことが求められています。特に小学校入学当初は，生活科を中心とした合科的・関連的な指導や，弾力的な時間割の設定を行うなどの工夫が求められていますので，小学校と園との交流を計画する際には，生活科の目標や内容を理解しておくことが大切です。

また，年長クラスが小学校訪問をする際に，給食体験を行う小学校もあります。小学校入学に際して園児が楽しみにしていることの1つに給食があります。ある小学校では栄養士が園児に親しみやすい献立を事前に用意して，小学校入学への期待感を高めるようにしていました。このような体験は，友達や先生と共に安心感をもって小学校に来る貴重な体験となっています。

5）　年間を通した交流活動

　年間を通して幼稚園・保育所と交流活動をしている小学校もあります。ある小学校では5年生が年長クラスの園児と定期的に交流活動を行い，栽培・収穫活動をいっしょにしたり，小学校の遊具を使って遊んだりするだけでなく，時には，園の作品展に5年生を招待していました。園では，園児が5年生を案内し，作品の説明や日常どのような生活や遊びをしているのかを説明します。小学校で5年生にしてもらったことを手本にして，園児が5年生にさまざまなことを教え，紹介をする姿が見られました。次年度には年長クラスの園児は小学1年生となり，5年生は最上級生の6年生となります。このような活動を通して，園児には小学校への理解と親しみを育み，5年生には次年度は6年生となり1年生を世話する自覚を育成し，園児への理解を図っているのです。

6）　教員の交流活動

　このほか，保護者会に小学校1年生の先生に来てもらい，入学前の準備や小学校生活について話をしてもらい，疑問や質問に答えてもらっている園もあります。その園では，学校公開の際に園の先生が小学校の授業を参観して卒園生の様子を見守るなどして，児童の成長の様子等について意見交換をしていました。日常から小学校と幼稚園・保育園の先生が互いの教育内容や教育活動の目的を理解し合い，協力することは，幼・保と小の円滑な接続を図る上で大切なことです。互いに顔と名前がわかる関係を培い，気軽に相談をする関係をつくることが，幼児期の教育から小学校教育への円滑な接続や連携につながり，さらなる子どもたちの教育の充実につながっているのです。

演習問題 --

① 就学前に検討が必要な項目と，就学予定児童がいる家庭が小学校の様子を知る手立てについて説明をしましょう。

② 身近なケースから，子どもの状況，取り組みの状況をまとめ，子どものよさや伸ばしたい点をまとめてみましょう。

③ 小１プロブレムなど，園と小学校の連携が必要なケースについて，調査や観察などにより具体的事例を調べ，解決方法を整理しましょう。また，生活科の目的や活動を調べ，幼児期に育てたい子どもの姿と比較をしましょう。

第 **5** 章　小・中・高の接続期支援と子どもの理解

keyword ┃ 小・中・高各時期の教育相談の特色，
生活・発達・教育のアセスメントと支援，接続期の支援，
校種間の連携，スタートカリキュラム

1　小学校入学期における子どもの状態の把握

(1)　小学校での学習，生活等についてのアセスメント

　小学校に入学して間もない状態の新入生は，新しい環境の中で気持ちが落ち着かない状態にあります。幼稚園や保育所では一番の年長者として手本となる行動をしていた子どもたちですが，小学校では勝手がわからず不安な気持ちになります。入学当初の児童にとって，小学校は安心して過ごせる場所だという理解を図るために，6年生が登校時から学習用具の仕度や整理を手伝ったり，休み時間にいっしょに遊んだりして，新入生が少しずつ自己を発揮して新しい生活を自らの力で行うことができるように働きかけをしていきます。

　同様に，入学当初の学習においては，通常の小学校の教科学習とは異なり，児童の実態に合わせて，授業時間も弾力的に設定して，生活科を中心として他教科等の内容を合わせた単元を構成したり，他教科等においても，生活科と関連する内容を取り扱ったりする合科的・関連的な指導のいっそうの充実を図ります。このような幼児期の教育から小学校教育へと子どもの発達に応じたスムーズな移行ができるようにすることをめざしてスタートカリキュラムを編成します。

(2)　発達・教育支援に関する様子の確認と保護者との共通理解

　児童及び家庭の状況を把握するために，学校では入学当初に各家庭に児童調査票を配布し記入してもらうことで，家庭状況や児童の発達上，健康上の心配なこと，学校に伝えておきたいこと等を理解します。その上で，家庭訪問や個

別面談などを通して，個別にくわしく話を聞き取り，児童を取り巻く家庭状況等を把握するようにします。また，子どもの教育活動の充実を図るには，学校から家庭に教育情報を伝えていくことも大切です。特に入学当初は毎週のように学年だより等を発行して，学校における学習活動の様子を伝え，学習の予定や必要な学習用具，提出物等を家庭に知らせる等します。これにより学校の教育意図を伝え，家庭と共に児童に働きかけることを大切にしているのです。このように，学校と家庭が児童の教育の充実を図るために共通理解を図り，互いに協力することで，互いの信頼感を高めて相談をしやすい環境をつくっていきます。

2　小学校における子どもの相談と支援

⑴　学習に関して

　小学校の特に低学年においては，子ども自身が学習に関する悩みをもつというよりは，学級担任や保護者が子どもの学習意欲や学習内容の定着に課題を感じていることがあります。ある調査によれば，小学生は勉強が好きと答える子どもが，嫌いな子どもより多いようですが，学年が上がるにつれて減少し，小学校6年生ではちょうど半々程度になるそうです。また，勉強する理由について，小学生は「勉強することが楽しい」「新しいことを知ることができて楽しい」「問題を解くことがおもしろい」といった内発的動機づけをあげる子どもの割合が高いようです（ベネッセ総合研究所，2014）。学級担任としては，子ども自身がやってみたらできた，楽しかったと思えるような学習を積み重ねていけるよう授業を工夫する必要があります。

⑵　生活（と進路）に関して

　1年生と6年生では，困り事はまったく異なります。たとえば，1年生では，今まで経験していないことに取り組むことに自信がない，友達に意地悪をされていやだ，などの困り事があります。6年生では，集団の中での疎外感や将来の夢の実現に向けた悩みなどがあります。また，1年生は困ったことがあれば学級担任にすぐに訴えますが，6年生になると自分で抱えてしまうことがしば

しばあります。つまり，6年生になると困り事や悩みが見えにくくなりますので，学級担任がより高くアンテナを張っていることが必要です。しかも，サインをキャッチしたからといって，すぐにかかわることがよいとも言えません。どのようにかかわるか，戦略を練ることも必要になってきます。

(3) 関係機関との連携

学校とかかわりのある機関は数多くあります。教育委員会や児童相談所，子ども家庭支援センター，警察，民生委員，児童委員，医療機関等と，必要に応じて連携することが重要です。学校の教員は，児童が虐待を受けている可能性があるときは児童相談所等に通告する義務がありますが，そこまでいかなくても，気になるときは関係諸機関に連絡をしておくことが望ましいといえます。

3 小中連携の進め方

(1) 小学校から中学校等への連携

担任制度や部活動などの教育活動の違い，学校文化の違いなどから，中学校に入学したときに大きな不安を感じる，いわゆる「中1ギャップ」が近年大きな課題となっています。その解決を図る取り組みとして，地域にもよりますが，小学校と中学校との連携を目的として，年に何回か，小学校の先生と中学校の先生が授業参観をしたり，テーマを決めて協議をしたりして交流をする機会を設けています。このような機会を通して，自校種以外の学校でめざしている教育を互いに理解することができます。また，小学校の卒業期を控えて，小学校から中学校に児童の指導に関する情報提供をする機会を設ける等して，小学校と中学校とが連携して，子どもをより深く理解する取り組みが進められています。

(2) 情報提供

情報提供については，学習面，生活面等の配慮事項を引き継ぎます。重要なのは，入学した子どもたちが安心して中学校生活を送ることができる基盤となる情報を提供することです。特別な配慮を必要とする子どもへの配慮事項や人間関係，また家庭状況など，学級担任制の小学校だからこそ情報が得られ，成

果があったことについては，しっかり中学校へ伝えていく必要があります。

　たとえば，人間関係のもつれからトラブルに発展したが，卒業時に解決をしている場合があります。その場合，たとえ解決をしていても，情報は中学校へ提供していくことが重要です。中学校側は，そのような事実を把握した上で，新1年生のクラス編制の資料とします。新しく人間関係を築こうとしている中学校のスタート時に，あえて小学校時代でつまずいた経験をもう一度思い出させるようなことは，避けたほうが無難です。また，中学年のときに起きたが，高学年の学級替えで解消したトラブルについても，できるだけ中学校側に伝えたほうがよいことがあります。特に保護者同士のトラブルについては，中学校ではすぐに把握できないことが多いので，小学校からの情報提供が大変重要で，保護者との信頼関係の構築に生かすことができます。

　中学校は，小学校での指導の成果の上に，発達段階に合った指導を行っていきます。中学入学という大きな転機に，新しく気持ちを入れ替えて成長するチャンスとなるようにします。

4　中学校における子どもの相談と支援

(1)　校内の指導・支援体制の確立

　教科担任制に変わる中学校では，「どの先生に相談，質問していいかわからない」という不安が起きます。言い換えれば，「相談する力がないと取り残される」ともいえます。しかし，そのことは「どの先生にも相談できる」ともいえます。

　たとえば，帰りの学活終了後，生徒が全員帰るまで担任が教室にいて，何気ない会話を生徒と交わすことで，安心感を与えることができます。また，副担任も，廊下や昇降口等で見守ることで，生徒の様子を観察することができ，担任にはできない相談が持ち込まれることもあります。さらに，部活動顧問は，学級や授業では見られない生徒のがんばりや人間関係を把握することができます。

　このように教員は，担任する子どもたちのことはもちろんのこと，学年，学

校全体を見る広い視野が必要となります。教科以外の学校生活にも目を配り，子どもたちの様子を観察することが求められます。さらに大切なことは，そのように得た情報を，自分だけにとどめず，学年や学校全体で共有することです。そのことを通して，子どもを深く理解し，指導に生かしていきます。

(2) 進路について

　義務教育最終段階の中学校では，学年を追うごとに進路に関する不安が大変大きくなります。また，思春期特有の自我が芽生えたり，自己肯定感が低くなり，無気力や粗暴な態度を取ったりするケースもあります。

　たとえば，中学校は，学級担任制の小学校と違って，課題が教科ごとに出され，担任による毎日の宿題チェックがなくなります。そのため，家庭学習の習慣が十分に身についていない場合，日常の時間の使い方に課題が生まれることがあります。また，定期考査や5段階による評定といった小学校とは違う形で学業が評価されることにより，自分の能力に自信がもてなくなることもあります。さらに，他人の目が気になり，素直に自分を表現できない反抗期も加わり，保護者や教師のアドバイスを受け入れることに抵抗を示す場合もあります。

　まずは，自分の得意な部分が何かを理解させ，その部分から伸ばしていくことが大切です。スモールステップで新しいことに挑戦させ成功体験を積ませることで，次の段階に進む勇気も生まれます。学習については，地道な努力の大切さを理解させ，卒業生や社会で活躍する人の話を聞かせたり，地域の外部の方をうまく活用したりすること等で，将来への展望をもてることもあります。

　そのために，進路指導は，中学3年生になって進路を考えるのではなく，3年間を見通した指導が重要です。1年生のときから適切な自己理解を進め，また職場体験等の体験学習を通して，職業観・勤労観を養うことが大切です。

　また，先が見えない未来に不安を覚えるのは，保護者も同様です。たとえば，職場体験で見られた学校や家庭では見せない子どもたちの様子を的確に保護者へ伝えることで，保護者の子ども理解が進んだり，親子関係が好転したりすることもあります。保護者との信頼関係を確実に築きながら，保護者と共に子どもを見守り，成長を促す協力体制をつくることが大切です。

●進路指導上の留意点

・個人情報にかかわることが多いため，個別の相談には，相談場所に留意する。

・進路情報提供は，正確かつ早めを心がける。1つのミスが学校全体の信頼関係を損ねる結果にもなる。

・生徒・保護者との窓口は担任であるが，情報は常に学年・学校全体で共有する。学校全体で一人ひとりの子どもの進路選択を指導・支援している体制であることを生徒・保護者にも理解してもらう。

(3) 生活について

　中学生になると，急激に交友関係が広がり，自立心も芽生えてきます。最近特に課題となっているのは，SNS等をめぐる生活指導上のトラブルです。

　たとえば，文字のやりとりだけで真意がうまく伝わらずに，誤解から人間関係が壊れるケースや，特定の子どもをターゲットにして仲間外れにしたり，悪口を広めたりするケースがあります。いずれも，大人の目が届かないスマートフォンなどの端末を使うことで，問題が深刻化し，いじめや不登校などに発展することもあります。また，見知らぬ人との交友や，なりすまし詐欺，性的トラブルなど事件に発展するような危険なことに巻き込まれることもあります。

　このような問題行動を未然に防止するには，情報モラルや情報を適切に活用する力を小学校の段階から指導しておく必要があります。また，スマートフォンの適切な使い方について，保護者の協力も重要です。さらに，子どもたちの周りに相談できる大人が身近にいることが何より大切です。

(4) スクールカウンセラーとの連携

　多くの公立小学校，全公立中学校には，スクールカウンセラーが配置されています。勤務日数などは各自治体によって差はありますが，児童生徒や保護者の抱える悩みを受けとめ，学校におけるカウンセリング機能の充実を図るため，臨床心理に専門的な知識・経験を有する学校外の専門家です。

●保護者の不安に共に寄り添うケース

　子どもが大きな理由も見当たらないまま不登校状態となり，保護者も

「なぜ我が子に限って」と現状を受けとめきれない様子だった。そのため，担任からの紹介で，スクールカウンセラーとの面談につなげた。

面談から，保護者が子育てに厳格で，自分のイメージに子どもを当てはめようとしている様子がうかがえた。保護者の子育て方針は否定せず，不安に寄り添うように相談を継続した。カウンセリングの様子は随時カウンセラーから管理職へ報告があり，管理職から担任へ必要な情報を伝えた。担任も，保護者が置かれた状況を理解し，進路情報をほしがっている旨も理解し，上級学校の情報提供を積極的に行った。その結果，子どもが希望する進路について保護者も応援する体制が生まれ，学校に対する信頼感も増した。

(5) 中学校から高等学校への連携

高等学校への情報提供の場面は，小学校から中学校への引き継ぎのような機会はなく，指導要録抄本を進学先へ送付するのみです。そのため，それぞれの進路選択，状況に応じて，個に応じた連携が必要です。特に「個別の教育支援計画」を作成している子どもは，確実に情報を引き継ぎます。保護者の理解が得られれば，高等学校へ出向き，必要な配慮事項の情報提供も大変有効です。

また，中学生にとって，卒業生はあこがれの存在です。時には，「卒業生の話を聞く会」など卒業生の体験を中学生に聞かせるなど高校生のがんばりを見せることは，中学生にとっても励みになりますし，高校生にとっても誇りにつながります。地域で活躍する高校生の姿は，教員にとっても励みになります。

5 高等学校における生徒の相談と支援

(1) 高等学校への接続の現状と課題

小学校から中学校への進学に比べ，中学校から高等学校に進学する際の学校間の連携は格段に難しいのが実情です。それは，多くの場合，小学校や中学校と，高等学校とは学校の設置者が異なる（市区町村と都道府県など）ため，接続の機会やシステムを設けることが容易でないからです。

生徒にとって，中学校から高等学校に進学することは，広い大海原に一人放り出されることに等しいのですが，「高1プロブレム」「高1ギャップ」といった言葉を聞くことはありません。しかしそれは，高等学校への不適応という問題が存在しないのではなく，むしろ小学校や中学校以上に多数の問題が存在していて，その後に起こる問題の中に結果として隠れてしまっているからに過ぎません。視点を変えれば，生徒や保護者や社会にとってはギャップがあることが当然であり，自ら解決していかなければならない課題として認識されているととらえることもできます。しかし，このギャップを乗り越えられなかった生徒の多くは，学校生活への不適応という問題に直面し，結果として，高等学校で初めて直面する中途退学という方向をたどる結果に結びつくこともあります。

⑵　高等学校における生徒の相談と支援〜中途退学問題を中心に〜

　高等学校における生徒の相談と支援に関しては多くの論点がありますが，ここでは，小学校，中学校にはなく，高等学校で新たに発生する中途退学問題に絞って考えてみることにしましょう。中途退学問題については，これまでにさまざまな対応が取られてきた結果，減少の方向性にあります。しかし，平成29年度の高等学校における中途退学者は，全国で4万6802人に及ぶなど，依然として多数であり大きな課題となっています（文部科学省，2018）。

　令和元（2019）年度には中学校卒業者の98.8%の生徒が高等学校に進学する状況（文部科学省，2020）の中で，高等学校生徒の能力・適性，興味・関心，進路等は多様なものになっています。このような多様で個性的な生徒の実態をふまえ，まず，高等学校教育の多様化，柔軟化，個性化のさらなる推進が求められてきました。中学校と高等学校の接続という課題に対する回答として，多様な生徒に対応する多様な高等学校をつくるという方向があります。総合学科高校，昼夜間定時制高校，単位制高校など，さまざまな新しいタイプの高等学校が誕生しています。中でも，中高一貫校や中等教育学校等の設置は「高1ギャップ」に対する直接的な解決法と見ることもできます。

　中途退学の理由，原因等はさまざまですが，各学校における指導の充実や学校と家庭との連携によって，ある程度防止できるケースが少なくありません。

そのために，教育相談の充実，保護者との密接な連携を図ることなどが重要であり，全教職員が協力して取り組む体制を整えることが求められています。

　現在では，多くの高等学校にスクールカウンセラーやスクールソーシャルワーカーが配置され，各々の専門性を生かした支援を行うことができるようになっています。中途退学問題について家庭や地域社会の理解の深化と協力が得られるよう，よりいっそうの努力が必要です。

演習問題 --

① 　小学校のスタートカリキュラムには，どのような内容があるのか調べてみましょう。

② 　「中1ギャップ」について説明をしましょう。また，小学校と中学校の連携を図るためにどのようなことをしているのか調べて整理をしましょう。

③ 　東京都立の高等学校を例にして，どのような課程や学科があるのか，その種類と内容を調べてみましょう。また，中途退学者を出さないために，高等学校ではどのような支援をしているのかも調べて整理をしましょう。

第**6**章 カウンセリングの基礎理論

1 カウンセリングとは何か

(1) カウンセリングの定義

　カウンセリングは，適応上の問題や悩みをもつ人を対象とし，クライエント
が自らの語りを通じて，ありのままの自分に気づき，それを受け入れることに
より，悩みの解決と人間的成長を促します。カウンセリングは，成立の思想的
背景と目的により，いくつかの学派に分かれています。いずれの学派であって
も，カウンセラーとの信頼関係によって成り立つという点では共通しています。

(2) カウンセラーの応答

1) 受容する

　クライエントの語る事柄や感情をそのまま受けとめて聞き，相槌やうなずき
で応答します。

2) 非指示的リード

　クライエントが語る内容について，一般的な価値観と異なる内容があったと
しても，カウンセラー自身の考えを押しつけることなく，クライエント自身の
感情や，そうせざるをえなかった行動の理由についてクライエントを尊重し，
傾聴します。

3) 繰り返し

　クライエントの言葉をそのまま返します。

4) 事柄の明確化

　相談に来られるクライエントは緊張していたり，混乱していたりする場合が

あります。語られる内容の時系列があちこち飛んだり，主語が不明瞭で状況がはっきりわからなかったりすることがしばしばあります。しかし，カウンセラー自身がクライエントの状況をはっきり把握していないと，クライエントの気持ちに共感することが難しかったり，クライエントから「前に話したのに理解してくれていない」といった不信感をもたれたりすることにもなりかねません。このようなことがないよう，クライエントの話す内容を互いに確認しながら，しっかり整理していくことが大切です。

5）　感情の反映

クライエントが話す感情や，言葉ではない動作やしぐさ等で表される感情をカウンセラーが受けとめ，それを言葉でクライエントに伝えます。

6）　感情の明瞭化

クライエントは必ずしも自らの感情を言葉で表現するとは限りません。また，クライエント自身の感情に気づいていなかったり，さまざまな感情が入り乱れ，漠然とした気持ちで言葉にできなかったりしている場合があります。カウンセラーはクライエントが受けとめられる感情を選び，その感情を明確にしていきます。

(3)　**カウンセリングの種類**

カウンセリングには，精神分析，力動的心理療法，簡易心理療法，来談者中心療法，家族療法，遊戯療法，自律訓練法，森田療法，行動療法，内観療法，分析心理学的心理療法等，さまざまな種類があります。ここでは，教育相談において基本となる心理療法について述べていきます。

1）　力動論に基づく心理療法

力動論に基づく心理療法の１つに力動的心理療法があります。力動的心理療法とは，精神分析の考え方を基礎として発展してきました。精神分析は，19世紀末に精神科医フロイトによって創始されました。無意識的な心理過程の探求を中心とした心理療法です。対話によって，カウンセラーとクライエントとの人間関係の中で展開される，対人関係のパターンや特定の体験を回避するパターンといった心理力動的現象を手がかりに，クライエントに気づきを促して

いきます。力動的心理療法において扱う現象について，くわしく説明します。

① 退行

心の在り方や働きが，発達過程のより早期の状態に逆戻りすることを指します。カウンセリングの過程で，何らかのフラストレーションが高まると，幼児期以来の使い慣れた防衛や適応のパターンに依存しようとして退行する現象が見られる場合があります。

② 防衛機制

防衛機制とは，不安や葛藤場面に直面したときに，自我が無意識のうちに自らを守る働きをすることを指します。主な防衛機制を以下の表にまとめます。

表 6-1　防衛機制

抑圧	苦痛な感情，欲動，記憶を意識から締め出します
反動形成	自分の行動と正反対の行動を取ります
投影	相手へ向かう感情や欲求を他人が自分に向けていると思います
昇華	反社会的な欲求や感情を社会的に受け入れられる方向へ置き換えます
置き換え	欲求が阻止されると，要求水準を下げて満足します
合理化	自分の考えや行動を都合のいい理由で正当化します
知性化	知的な活動に没頭したりすることで，葛藤を処理しようとします

③ 抵抗

カウンセリングの進展を妨げる言動や態度を指します。たとえば，クライエント自身，早く状況を解決したいと望んでいるにもかかわらず，カウンセリングの場面では雑談ばかりするような状態を指します。このような抵抗現象を通じて，クライエントの自我の防衛機制の特徴を知ることができます。抵抗は積極的に対処すべきではなく，クライエントが抵抗に気づくことができるようになるまで許容します。

④ 転移

力動的心理療法は，幼児期における養育者との関係の中で，対人関係のパターンや特定の体験を回避するパターンが形成されはじめ，そのパターンの在り方が，後の心理的・行動的問題の重要な要因になるとされています。カウンセ

リングが進展すると，クライエントは幼児期の重要な人物に対して抱いていた感情や，その人物との関係の中で形成された対人関係のパターン等をカウンセラーに向けて表します。これが転移と呼ばれる現象です。転移が表現された場合は，転移現象の解釈や分析をすることよりも，カウンセラーはクライエントとしっかりかかわろうとする前向きな姿勢が大切です。カウンセラーとのかかわりの中でクライエントの気づきを促します。

⑤　逆転移

クライエントに対して引き起こされる，カウンセラー側の感情反応を逆転移と呼びます。カウンセラーは，自分自身の中に湧き上がってきた感情を冷静に見つめ，理解することに努めます。逆転移はクライエントの心理状態に近いため，クライエントの理解を深めることに役立ちます。

⑥　行動化

子どもは，成人に比べ言語発達が不十分であるため，言語的なやりとりを通じて内的変化を促すことが難しい場合があります。挫折感や傷つきが再現することを恐れて，引きこもり，反社会的行動，性的行動，反発を見せることがあります。カウンセラーはその行動の意味を把握するとともに，クライエントが目を背けている感情を扱っていきます。

2）　来談者中心療法

来談者中心療法はアメリカの心理学者ロジャーズが提唱した心理療法です。ロジャーズは従来のカウンセリングに見られるカウンセラーの能動的・暗示的な働きかけを排し，クライエントに内在する成長への可能性を信頼して，非指示的態度によって，この可能性を導くことの重要性を説きました。

来談者中心療法は以下の3つの考え方に基づいています。

①　カウンセラーはクライエントとの関係の中で，首尾一貫して表裏をもたず，真実の姿を示すこと。自己一致していると表現する場合もあります。

②　カウンセラーは人間としてのクライエントのいかなる特徴をも，無条件に肯定し，ありのままを受容して尊重すること。

③　カウンセラーはクライエントの内面やものの考え方について，共感的理解

をもち，かつこれをクライエントに伝達するように努めること。

ロジャーズは，自身の臨床経験をもとに，人格と行動についての自己理論を提唱しました。自己理論は自己構造と経験が一致している領域が多い状態にある人を健康と考えます。ロジャーズはこの状態を自己一致と呼びました。

 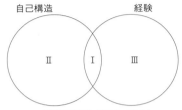

適応状態（自己一致大）　　　　　　不適応状態（自己一致小）

図 6-1　ロジャーズの自己理論

クライエントは，自己構造の条件に縛られており，経験を拒否している状態，すなわち不適応状態であるといえます。自己構造を変化させ，経験を受け入れていけるようになると，図のⅠの重なり部分が大きくなります。自己一致の状態，すなわち自己構造と経験を重ねることがカウンセリングの目標になります。

3）遊戯療法

子どもたちの心理療法は，成人のように言葉によって行うことが難しいため，遊びによって不適応行動の改善を図っていきます。遊戯療法は，誰にも介入されずに自由に遊べるプレイルームで行います。通常は週に1回，50分前後で行われます。親子を分離して行うことが一般的です。ほとんどの場合，子どものカウンセリングに並行して，違うカウンセラーによって保護者のカウンセリングが行われます。学校現場では，スクールカウンセラーが1人でカウンセリングを担っている場合があります。そのような場合は同じカウンセラーが子どもと保護者の両方を担当します。

遊戯療法においては，子どもに退行や行動化の現象がよく見られます。保護者がとまどったり，カウンセラーに不信感を抱いたりしないためにも，あらかじめこのようなカウンセリングにおける変化を説明しておけるとよいでしょう。

ロジャーズの弟子であるアクスラインは，遊戯療法を行う際のカウンセラーの態度について，次の8項目をあげています。①よい治療関係をつくる，②あるがままの子どもを受容する，③許容的雰囲気をつくる，④適切な情緒的反射を行う，⑤子どもに自信と責任をもたせる，⑥非指示的態度を取る，⑦治療を急がない，⑧必要な制限を与える，です。

4）行動論・認知論に基づく心理療法

　行動論・認知論に基づく心理療法では，望ましくない行動は，「学習」によって形成されたものと考えます。したがって，「学習し直す」ことによって，行動を変容させることが可能であるという考え方を基本としています。現在の行動の内容をくわしく検証した上で，目標となる行動やそこへ到達する方法，その効果等を明らかにしながらカウンセリングが進められます。

　学習理論には「レスポンデント（古典的）条件付け」と「オペラント条件付け」があります。レスポンデント条件付けはパブロフから始まり，ワトソンによって確立されました。生理的な反射を引き起こす刺激と中性な刺激を対に提示することを繰り返すことによって，中性な刺激で生理的な反射を引き起こします。オペラント条件付けはスキナーによって確立されました。「オペラント」とは「自発的な」という意味です。オペラント条件付けは自発的な行動に何らかの刺激（報酬等）を与えることで，自発的な行動の生起頻度を変容させます。

　この他にも，ものの見方やとらえ方を変えれば感情が変わり，感情が変われば行動が変わるといった考えに基づく認知行動療法や，他者の行動の観察に基づく社会的学習理論に基づくものもあります。主な技法をいくつか取り上げて説明します。

① レスポンデント条件付けを用いたもの：系統的脱感作法

　リラックス状態と不安状態を同時に経験することはできないという原理に基づいています。不安を感じる場面を段階的に並べた不安段階表をつくり，不安の程度がごく低い項目から暴露を進めていきます。その際に，獲得したリラックス法を用い，不安場面とリラックス状態とを条件づけ，不安を制止していきます。

② オペラント条件付けを用いたもの：トークンエコノミー法

　適応的な行動が生起したときに，代用貨幣であるトークンを与えることにより，その行動を強化する技法です。たとえば，家庭内だけで通用するトークンをつくり，子どもが片づけをするといった適応的な行動をした際にトークンを与えます。トークンを一定数集めると，子どもにとって好ましい品物や行動が与えられることをあらかじめ決めておくと，適応的な行動を強化することができます。

③ 認知行動療法を用いたもの：アサーショントレーニング

　アサーショントレーニングは，他者も自分も大切にする自己表現のトレーニングのことです。代表的な技法として「Iメッセージ」があります。Iメッセージは「私」を主語にした言い方です。たとえば，子どもがずっとゲームをしていたときに，「（あなたは）いつまでゲームをやっているの！」と言うのではなく，「（私は）あなたの身体が心配です」と言います。どちらも，ゲームをやめてほしいことを伝えていますが，Iメッセージだと，ゲームをやめる／やめないに関して，子どもは「自分の意思を尊重された」と感じます。また，子どもは自分の行動を他者がどう感じているかがわかるため，望ましい行動に変容させることに役立ちます。

④ 社会的学習理論を用いたもの：モデリング法

　他者の行動やその結果を観察することによって行動を変容します。クライエントは，モデルの行動を観察します。モデルが不適応行動を行った場合は強化が与えられず，適応行動を行った場合に強化が与えられる様子が提示されます。モデリング法では，クライエントが獲得すべき適応行動が具体的に示されるため，行動の変容が起こりやすいとされています。

2　カウンセリングの進め方

(1)　カウンセリングを行うための準備

　これまで述べてきたカウンセリングの学派は，ほんの一部にすぎません。現在，心理療法には400を超える多種多様な学派が存在するとされています。そ

れらは一見矛盾しているところもあり，学ぶ側からするととまどうこともあります。まずは自分に合う，あるいは関心がある理論を中心に学び，経験を積みながら新しい理論や方法に広げていくとよいでしょう。クライエントにとって最も利益の高い支援方法を選択・組み合わせることを可能にするためにも，カウンセラー自身に技能の幅を広げる姿勢が求められます。

(2) クライエントの特性や状況に応じたカウンセリング

1) インフォームド・コンセント

カウンセラーは，クライエントに対して情報の扱い方，援助の内容等について十分に説明し，クライエントが強制されることなく，自由意志で同意する（あるいは拒否する）権利を保護しなければなりません。

2) アセスメント

クライエントのアセスメントを行います。場合によっては，カウンセリングは行わず，他機関につなげる選択が適切な場合もあります。

3) クライエントの希望を考慮する

クライエントは，話を聞いてもらうことで自分の気持ちを整理したい場合もあれば，具体的な解決策を求めている場合もあり，クライエントによってカウンセリングに求める価値観は異なります。また，言語でのやりとりより，非言語的な表現方法が効果的な場合もあります。カウンセラーはクライエントの状況やニーズに合わせて支援方法を決めていきます。

演習問題 --
① カウンセラーの応答について具体的にあげてみましょう。
② 自分自身が子どもや保護者と面談等を行うシーンをイメージし，どの場面でどの技法を使うとよいか考えてみましょう。
③ 来談者中心療法の考え方３点について，具体的な内容を調べましょう。

第 **7** 章　相談のプロセス

keyword | アウトリーチ，アセスメント，観察，理解，信頼関係

1　「相談を支えるもの」とは何か

(1)　「相談する」ということ

1)　相談する，ということへの葛藤

「相談」とは，『広辞苑』によると「互いに意見を出して話し合うこと。談合。また他人に意見を求めること」と書かれています。あなたは，どのようなときに人に相談しようと思うでしょうか。ちょっとした困り事や心配事でも気軽に相談する人もいるでしょう。悩み事が大きくなり，自分一人では抱えきれなくなったときに，藁をもつかむ思いで人に話すという人もいるでしょう。一方で，悩み事が深く大きくても，必ずしも人に相談する人ばかりとも限りません。自分一人で何とかしようとしたり，できるだけ考えないようにして問題となる状況を回避したりすることもあるでしょう。それはなぜでしょうか。

　人に話すということは，自分の内面を人に見せるということでもあります。そのため，自分が何かしら傷つくことから打ち明けることをためらうこともあるでしょう。たとえば，自分のことを人がどう思うか評価が気になったり，悩みを軽くとらえられてしまうかもと不安になったり，「もっとがんばれ」と叱咤激励されるかと恐れたりすることもあります。あるいは，相談する相手を心配させたくない，人に頼ってはいけない，それほどのことではない，という自制心や，自分で何とかしたい，自分一人で解決すべき，という自立的な意識も，相談を躊躇させる背景として考えられます。

　図 7-1 を見ると，思春期の悩みの対処方法では，悩みの種類を問わず「相

【思春期】悩みの対処方法②

親・先生や友人に相談しない理由は「悩みを知られたくない」「心配をかけたくない」等。親に対しては「解決してくれなさそう」「共感してくれなさそう」も高く、力不足だと感じられている。

- 親・先生や友人以外の大人へ相談する理由は、「相談しやすい」「共感してくれそう」「人生経験が豊富」が上位。
- 親・先生や友人へ相談できない思春期は、自分と近すぎない関係で、ある程度年齢が近く自分よりも経験が豊富なその他の大人へは相談しやすい可能性がある。
- 誰にも悩みを相談できない理由は、「悩みを知られたくない」「相談をするのが苦手」といった相談へのハードルを感じているパターンと、相手に対し信頼できない」「心配をかけたくない」「自分のことをよくわかっていない」「解決してくれなさそう」と不安を感じているパターンの2通り。安心できる相談の場と相手が必要な状態と推察される。

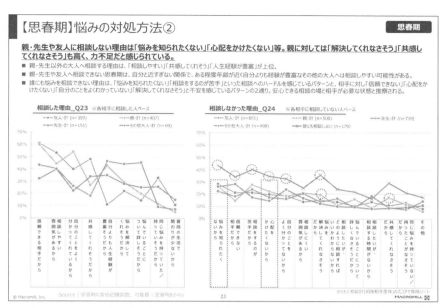

図 7-1 株式会社マクロミル，認定 NPO 法人カタリバ協働調査（2018）より Q23「相談した理由」，Q24「相談しなかった理由」

談」が多くなっています。しかし，進路に関しては 7 割程度が誰かしらに相談している一方で，同級生や家族との人間関係，身体的特徴，漠然と感じる生きづらさといった悩みは，相談しない割合が 5 ～ 7 割となっています。誰にも悩みを相談できない理由としては，「悩みを知られたくない」「相談をするのが苦手」といった相談へのハードルを感じている場合と，相手に対し「信頼できない」「心配をかけたくない」「自分のことをよくわかっていない」「解決してくれなさそう」と不安を感じている場合の 2 とおりがあるようです。

　相談したいときに相談しやすい環境と，安心して相談できる人と場があることが大切になるでしょう。

　2）　相談を支えるもの～安心できる相談関係を築く～

　では，相談しやすい環境，安心して相談できる環境として，どのようなことが考えられるでしょうか。まずは，人です。

たとえば，次のような場面を想像してみてください。あなたが言葉の通じない国で一人旅をしているとします。目的地までの道がわからないので誰かに声をかけて道を尋ねたいのですが，言葉が通じないのでためらいもあります。あなただったら，どのような人に，どのようなタイミングで，声をかけますか。表情が穏やかそうな人，困っている自分を気にかけて声をかけてきてくれる人，視線が合ったり声をかけてきてくれたりしたタイミング，思い切って声をかけてみようと心に決めたタイミング，などでしょうか。またそのとき，声が小さくなったり，心臓がドキドキしたりするかもしれません。しかし，たどたどしい質問を相手が穏やかに聞いてくれたり，わかろうと身を乗り出して関心を寄せてくれたり，親切に道案内をしてくれたりすると，安堵するのではないでしょうか。知らない人に何かを働きかけるとき，緊張や不安が伴うのは自然なことです。

　このように私たちは，誰に言うか，について意識する・しないにかかわらず，選んでいます。私たちは，直接声をかけたり話したりする前から相手の様子を見ていて，タイミングを図り，また，出会ってからも相手の態度によって緊張や不安の具合が変わります。私たちが人に助けを求めたり心の内をさらしたりするときには，出会う前の空気感といった間接的なつながりと，出会ってからの安心感が大事になります。「相談しなければよかった」と思うのか，恐る恐るでも「相談してよかった」と思うのか，これは相談者と相談を受けた者との関係性によるものが大きいように思います。信頼関係は，急に構築できるものではありません。少しずつ安心できる関係を紡ぎ，信頼関係へと発展させることが大切です。

(2)　教育相談の機能とプロセス

1)　教育相談の機能

　相談は，相談者からの発信で始まることもあれば，教師や保育者のほうから子どもや保護者にアプローチして始まることもあります。後者を「アウトリーチ」といいます。また，子どもたち同士のつながりをもたせ，相互的なかかわりの中で思いを分かち合うような場をつくっていくことも考えられます。

学校における教育相談は，３つの機能を含んでいます。①問題解決的教育相談，②予防的教育相談，③開発的教育相談，です（日本学校教育相談学会刊行図書編集委員会，2006）。①問題解決的教育相談は，いじめ，不登校，暴力，トラブルなどの課題を抱える子どもに対して，解決を図るための指導・支援です。②予防的教育相談は，欠席や遅刻，学習意欲の低下，些細なトラブルが目立つなど，日常生活において子どもの気になる様子がある場合，状態が悪化したり不適応状態になったりしないように指導・支援するものです。③開発的教育相談は，クラスや学年などのすべての子どもに対して，キャリア・ガイダンス，ソーシャルスキルトレーニング，構成的グループエンカウンター，ピアサポートなどを通して行う人間関係・信頼関係の形成や人としての在り方・生き方などにかかわる心理教育的指導・支援です（広木，2008）。広木（2008）は，開発的教育相談について，「教育相談は信頼関係の上に成り立つ活動であり，その関係を創り出すカウンセリングの姿勢を教育相談に生かすことこそ開発的な機能の意味だと言ってよい」と指摘しています。

　2）　教育相談における個へのかかわりと，集団へのかかわり

　いじめや不登校などに関する問題解決的教育相談の場合，まずは個別的な状態を理解し，子どもや保護者と教師・保育者との信頼関係をベースに具体的な手立てを考えていくことが大切になります。ただし，その個人の個別的な理解と対応だけでなく，その子どもがかかわる家族やクラス集団など周囲の環境との相互作用の中で問題が顕在化している可能性をとらえていく視点も必要です。人は関係の中で生きていきます。集団という場がその個人を受け入れる器として，またその個人がいきいきと生活できる舞台として，どのように機能することができるのかを考えていく広い視野をもつことが大切です。

　個を大切にするということは，どのような集団を育んでいくかということとも密接につながっています。集団に個を合わせるというよりも，それぞれに個別性をもった子どもたちが輝ける集団はどのようなものなのか，子どもの個別性を認め合い豊かな経験につながっていくための豊かな集団とはどういうものなのか，ということを真摯に考えていくことが大人の役割ではないでしょうか。

3) 相談のプロセス

① アセスメントの重要性

　相談は相談者からの発信で始まることもあれば，子どもたちや保護者のちょっとした変化をとらえた教師や保育者のほうからアプローチすることもあります。そして，予防的なアプローチもあれば，問題解決的なアプローチもあります。対象も，子ども個人やクラス集団，保護者などさまざまです。ここで大切なことは，教師や保育者が，問題やちょっとした変化をどのように理解し，子どもにとって必要な支援につなげるか，つまり，アセスメント（査定）が重要になります。アセスメント（査定）とは，「見立て」のことです。子どもが何に困っているか，どういうかかわりが必要とされているのかをとらえることです。そして子ども個人の状況だけでなく，子どもを取り巻く環境（家族や学校，生育歴など）が子どもにどのような影響を与えているかを見つめることが必要です。このとき，問題となっている事象だけを理解することがアセスメントではありません。子どものもつ力，子どもにとっての資源を見出し，それらをどのように活用すれば子どもにとっての困難が軽減し成長につながっていくか，までを考えていくことがアセスメントになります。そしてアセスメントは，つど見直すことが大切です。

② 情報収集

　アセスメントをする際に，情報が重要な役割を果たします。その情報はさまざまなところから得ることができます。まずは子どもの観察です。一人ひとりの子どもの心身の在りようや，友達，クラス集団，家族，教師や保育者といった人的環境との関係，クラスや生活場面の構造などの物理的環境との関係など，多面的な視点で子どもを観察してみると，子どもの課題や持ち味も見えてきます。それらの情報が，子どもや子ども集団の理解と支援の方向性を浮き立たせてくれます。このとき大切にしてほしいのは，自分一人でやろうとしないことです。子どもにかかわっている同僚や保護者，子どもたちもまた，それぞれの視点で物事を観察しています。複数の視点からの多様な情報を手がかりに，困っているその人を理解する視点が重要です。情報を得る手段として，人から話

を聞くこと，相談関係においては本人やその家族に話を聞いてみることが大切です。

<u>③　相手を理解することと，信頼関係を基盤とした相談関係</u>

　問題を把握すると，つい助言や指導をしたくなりがちです。しかし，相談関係において大切なことは，相手の話を聞くということです。相手が何に困っていてどうしたいのか，真のニーズを理解しようという姿勢が大切です。支援は支援者の自己満足になってはいけません。相手（当事者）にとって必要な支援を当事者との対話の中から見出し，当事者自身の成長につながる支援を教師や保育者の立場からサポートすると，より効果的な助言や支援を展開することが可能となります。そしてそのプロセスを協働して歩んでいくためには，何よりも安心できる関係，信頼関係が基盤となることは言うまでもありません。

2　実際の相談の進め方

(1)　集団を対象とした予防的・開発的な活動の展開

　　小学校中学年のあるクラスの担任のC先生は，クラスに飛び交う子どもたちのきつい言葉が気になっていました。「うるさい！」「うざい」「きもい」などです。気づいたときには声をかけて指導していますが，こういった言葉を使うのは1人ではありませんし，言われた子どもの気持ちも心配です。C先生は，子どもたちが人と気持ちのいいコミュニケーションを取ることができるように，さらにはクラス全体がそれぞれのクラスメイトにとって心地よく安心できる居場所になるようにするにはどうしたらよいだろうかと考えていました。すると先輩の教師が，「ふわチク言葉」を扱った活動をやってみたらどうかと提案してくれました。C先生は，構成的グループエンカウンターで「ふわチク言葉」について取り組んでみることにしました。

　構成的エンカウンターグループ（Structured Group Encounter; SGE）は，エク

ササイズを通して「ふれあいと自己発見・他者発見を狙いとするグループ体験」（國分, 2001）です。その定型は, ①インストラクション（エクササイズの説明やデモンストレーション）, ②エクササイズ, ③インターベンション（介入）, ④シェアリング, の4つの構成要素から成り立っています。グループのリーダー（学級担任など）が, 話し合いのトピックやグループサイズ, グループの構成員, エクササイズの内容・順番・時間配分を指定しますが, こうした枠の中で実施することで安全な表現がしやすくなります（片野, 2001）。

エクササイズというのは, 心理教育的な作業課題のことです。エクササイズの種類は多数あり, 目の前の子どもの状況や発達に即して工夫して実施します。

C先生は, 構成的グループエンカウンターを計画しました。まずはウォーミングアップとして, 関係づくりのための「自由歩行あいさつ」。その後, 誕生日順に手をつなぐ「バースデーチェーン」で輪になり, 5～6人のグループに分けます。そして, 子どもたちに「人とのコミュニケーションや言葉遣いについて考えてみよう」とねらいを簡単に説明し, 「ふわチク言葉」のエクササイズに入ります。まずは「ふわふわ言葉とチクチク言葉」の具体例をあげて説明します。次に, グループごとに, その他の「ふわふわ言葉」と「チクチク言葉」をあげてもらい, そのような言葉をかけられたときの気持ちを伝え合います。最後に, グループごとに気づいたことを発表してもらってシェアリングを行います。

実際に行ってみたところ, 「チクチク言葉」のほうがたくさん出てきて, 「ふわふわ言葉」はなかなか出てきづらい様子でした。しかし, 「チクチク言葉」が身近に多くあることに気づき, それを言われたときの気持ちを考える材料にもなりました。一方, 「ふわふわ言葉」はなかなかたくさんは出てこなかったので, ヒントを与えながら取り組みました。また, 引き続き「ふわふわ言葉」を生活の中で意識して探していこう, 使ってみよう, と意識する環境づくりにもつながりました。意識が継続するよう, C先生は, みんなが気づいた「ふわチク言葉」をクラスに掲示し, さらに気づいた言葉を追加できるようにしました。日に日に「ふわふわ言葉」も増え, 子どもたちが自分や人の気持ちについ

て考え，表現して伝え合い聞き合う経験となり，感情交流につながったとC
先生は振り返りました。

　國分（2001）は，育てるカウンセリングにおける構成的グループエンカウン
ターのねらいは，①人間関係をつくること，②人間関係を通して自己発見する
こと，の2点を強調しています。自分や人の思いに気づき，それを表現し，尊
重し合える関係がもてること，つまり安心できる人間関係をもてることが，子
どもたちの育ちにとって必要です。

(2)　個別的な配慮を要する相談活動の展開

> 　小学校5年生のDさんは，4年生の頃から「おなかが痛い」と保健室に
> 行くことが増え，現在時折学校を休みます。しかし母親の話では，家で休
> んでいる間はおなかを痛がることもなく過ごしているそうです。Dさんの
> 様子が気になっていた先生は，母親と面談をもつことにしました。

　登校しぶりや不登校を，私たちはどのようにとらえることができるでしょう
か。まず考えなければならないことは，不登校の状態にある子どもをどう理解
するかということです。子どもやその家族の思いに耳を傾け，丁寧に理解し，
共に道を歩んでいく姿勢が必要です。

　子どもの発達は，知的発達，情緒の発達，社会性の発達，運動機能の発達な
ど，さまざまな側面が絡み合っています。そしてこれらの発達は，子ども本人
の要因のみならず，環境との相互作用で発達していきます。環境というのは，
友達，教員，家族といった人的環境，クラスや学校，家庭や地域社会など子ど
もたちが生活する場や物などの環境です。子どもがこれらの環境との相互作用
の中で，どのような発達をしていて，どのような困難を抱えているか，登校し
ぶりや不登校を通して何を訴えているかを見つめる視点が大切です。発達障害
などによる学習上のつまずきや対人関係のつまずき，児童虐待や不適切な養育
などの家庭背景を抱えた子どもの傷つきなど，不登校の要因は複雑に絡み合っ
ていることも多くあります。学校や園といった組織内で，また必要に応じて地

域の関係機関とも連携・協働し，広い視点で理解して適材適所でサポートすることが重要です。

　事例の先生は，Dさんと面談をもつ前に，学校でのDさんの様子を改めて振り返ってみました。特定の科目の学習の際に，保健室に行っていることに気づきました。特にグループワークのときは，居心地が悪そうにしています。また，宿題の提出が以前に比べ減ってきていました。先生は，これまでたんなる忘れ物として認識して指導していましたが，学習へのつまずきやそれをうまく担任に伝えられないことが，Dさんの腹痛や不登校の背景にあるのではないかと考えはじめました。母親との面談の際には，母親など家族から見たDさんの姿，母親の思いや願いを聞きました。また，先生が気になったDさんの学習面での様子を伝えました。すると，家では宿題と格闘し，宿題を破いてしまうこともあるとのことでした。先生と母親は，Dさんの学習へのつまずきと葛藤を共有しました。以降，先生はDさんが登校したときには，苦手な科目でのこまやかな声かけとフォローを意識し，Dさんがわからないことを安心して表現できるような関係を意識しました。そして，保護者とも相談の上，学校内で少人数で学習できる機会を設け，学習面でサポートを行いました。また，母親の不安を相談できるようスクールカウンセラーを紹介しました。担任をはじめ学校内のチームと保護者でDさんを支えるプロセスを通して，Dさんは困ったときには自ら発信することが少しずつできるようになり，不登校も減ってきました。

演習問題 --

① 相談関係を支えるものとは何でしょう。振り返ってまとめてみましょう。

② 子どもの理解に必要なさまざまな発達の視点について，調べてみましょう。

③ アセスメントは，問題の背景を把握するのみでなく，その子どものもつ力や資源をも理解することを含みます。実習等で出会った子どもたちを思い出し，アセスメントしてみましょう。

第 8 章

コンサルテーションや
コーディネーションの理解と方法

> keyword ┃ コンサルテーション，コーディネーション，危機介入，
> 予防的措置，リソース（援助資源）

1 コンサルテーションの基礎・基本

(1) コンサルテーションとは何か

　コンサルテーションは，専門家が専門家に対して行う助言・支援のことです。たとえば，教育センターの臨床心理の専門家（カウンセラー）と学校教育の専門家（教員）が，それぞれの専門性を尊重する中で，教員が課題としている児童の問題事例の対処方法について話し合い，よりよい支援を行うためにはどのような具体的な方法があるのか，またどのような留意点があるのかなど，臨床心理の専門家としての立場から教員に助言・支援を行う場合があります。このようなコンサルテーションにおける助言者（前述の事例は臨床心理の専門家）をコンサルタント，被助言者（前述の事例は教員）をコンサルティといいます。

　学校において，教員は教育実践や学習指導の専門家ですが，今まで行ってきた方法では対応しきれないような問題状況が子どもや子どもとの関係に起こったときには，その問題状況を改善するために，発達や心理的な問題に関する専門家（カウンセラー）に助言を求めます。このようにしてさまざまな分野の専門家とのコンサルテーション関係が結ばれます。教員とカウンセラーという2人の専門家の間の例では，コンサルタントがコンサルティに対して，コンサルティの抱えているクライエント（問題状況がある子どもや援助やサービスなどを直接的に必要としている保護者）に関係した特定の問題を，コンサルティの仕事の中でより効果的に解決できるように援助する取り組みがコンサルテーションです。

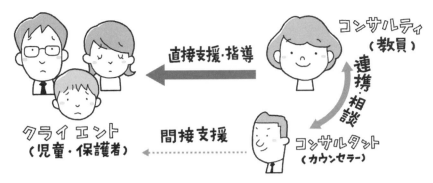

図 8-1

　この専門家同士の関係は，コンサルティ側の自発的な意思に基づいて始まり
ます。そして，コンサルタントとコンサルティ双方が相談関係を築くことにつ
いて，互いの専門性を理解し，尊重し合うことが必要です。年齢や経験からコ
ンサルタントが上に位置づけられる傾向がありますが，互いに専門家として協
働し，よりよい支援を創り上げていくという点を大切にします。

　●コンサルテーションの定義 (Brown, Pryzwansky, & Schulte, 1995)
　ブラウンらは，コンサルテーションの定義の概要を以下のように示していま
す。

① 　コンサルタントとコンサルティとの間で問題や課題を解決する過程のこと
② 　コンサルタントとコンサルティとの間においてさまざまなレベルを用いた
　　コンサルテーションによって進められる協働作業のこと
③ 　コンサルタントとコンサルティには，双方においてさまざまな領域におけ
　　る専門家や非専門家が含まれていること
④ 　コンサルタントは，コンサルティ自身がコンサルテーションの技能を習得
　　できるように直接的な支援を行うこと
⑤ 　コンサルタントは，コンサルティを通じて，クライエントへ間接的な援助
　　やサービスを提供することから，「コンサルタント，コンサルティ，クライ
　　エント」との間に三者関係が存在すること

(2) コンサルテーションの進め方

1) コンサルテーションができる関係を結ぶ

コンサルテーション関係を結ぶときに重要なのは，ふだんからの人間関係や信頼関係，適切な情報です。仕事上，役割上の問題状況に直面したときに，この人に相談をすれば改善を図れるという期待感や信頼感があればコンサルテーション関係を結ぶことは容易です。このときにコンサルタントは，コンサルティの専門性を発揮できるような支援を考える黒子となることが求められます。

2) 仕事上・役割上抱えている問題を明確にする

コンサルテーション関係を結ぶ上で，コンサルティの仕事上・役割上の問題を明確にすることが大切です。具体的に何を困難に感じているかを丁寧に聞き，整理・要約したり質問したりすることで，コンサルティの問題状況やどう対処しようと思っているかを明らかにすることで問題状況を明確にします。コンサルティが語らなくとも，背後に対応が必要な問題が隠されている場合もありますので，そういう点も見逃さないことも重要です。

3) 資料や情報を収集するとともに，協力して問題解決を図るよい関係を築く

問題状況が明らかになったら，コンサルティが苦慮している人物や物事だけでなく，その問題状況に影響を与えていると考えられる人的・物的環境要因についてさらに丁寧に情報収集を行います。できるだけ客観的にコンサルティの働きかけに関する情報を収集するために，聞き取りや観察，検査や調査などを行います。この情報の収集を行う間にも，コンサルタントとコンサルティの間に，共に問題状況の解決をしているという目的意識や継続的なかかわりが大切です。

4) 有用な資源を開発し，提示したり紹介したりして意志の決定をする

コンサルタントは，明確になった問題状況と影響を与えていると思われるさまざまな要因を検討，整理し，解釈をします（問題の見立て）。自らの専門領域の中で貢献が期待できる情報をまとめ，具体的な方策の提案をコンサルティに示します。この際に方法を複数あげ，それぞれの方法の長所と短所を理解してもらい，コンサルティにどう活用をするのかを判断してもらい計画を提示しま

す。コンサルティが自らの意志で方策を決める選択と実施の支援を大切にします。

　　5）　意志の決定をして，コンサルテーション関係を終結する

　コンサルティが仕事上・役割上改善したい問題状況の改善に向かっていることが評価できたら，コンサルテーション関係は終結します。もし効果の確認ができない場合は，方策の修正や変更，異なる方法の選択等によりコンサルテーション関係を継続することになります。コンサルティが改善の実感を得ることで，次の同様の事態に対応できる自信がつくことが大切です。

(3)　学校におけるコンサルテーション〜危機介入と予防的措置〜

　学校コンサルテーションには，危機介入と予防的措置の2つの側面があります。危機介入は，経過を観察する時間的な余裕がない場合や，コンサルティやクライエントの状態や問題をできるだけ早く回復させる必要があるなど迅速な対応が求められる場合です。このような場合は，すぐに何らかの対応を始めなければなりません。その多くは，数回のコンサルテーションによって問題解決へ導かれることが期待されます。

　もう1つは，今後の状態変化を予測しながら，時間をかけて予防的に対応を考えていく場合です。たとえば，クライエントである担任の人間関係づくりに配慮したり，課題がある子どもについて，担当者だけでなく学校全体でその子どもの理解を進めたりすることなどです。日常的に連携を取り，継続的な関係のコンサルテーションを行うことで，このような予防的な働きが機能します。

　学校におけるコンサルテーションは，子どもや保護者，担任等が抱えている問題を整理し，評価し，具体的な対応策を検討しながら問題の解決を図ります。この場合，依頼主が誰かにより手続きや配慮点が異なります。

(4)　保護者へのコンサルテーション

　学校で教育相談を行う場合，コンサルティの多くは保護者です。保護者は子どもの養育の責任者として教育的問題や心理的問題，社会的な問題などのさまざまな問題について助言を求めるとともに，子どもの代弁者として，子どもの権利を守るためにどのように役割を担い，行動すればよいかなどを教師やスク

ールカウンセラーに助言を求めます。このときの目的は，児童生徒への心理的，教育的な支援をする保護者が，その援助機能を高め，保護者としてよりよく機能することや，この相談により児童生徒がよりよく成長・発達する支援を学校と家庭の両方で受けることができることです。

　保護者へのコンサルテーションを行う場合は，保護者が学校や教師に対して不安や不満を抱いていることも多く，教師が子どもの評価者であると意識している場合もあります。このことを理解し，不安や緊張感を解きほぐすとともに，保護者の立場を尊重し，事実関係を共有し，問題の解決を図るように，いっしょに考えていく姿勢を示しつづけることが重要です。

　スクールカウンセラーが保護者にコンサルテーションを行う場合は，学校や教師に対する保護者の不安や不満を受けとめつつ，家庭と学校の連携に配慮し，学校や担任への警戒心や不信感が生じないように気をつけることが大切です。家庭状況や保護者の理解に応じた提案の仕方や話し方に気をつけます。また，保護者自身に個人的なカウンセリングが必要だと感じる場合も，学校では扱わず，保護者としての役割を大切にしたコンサルテーションに徹します。

⑸　教師へのコンサルテーション

　保護者の次に学校の教育相談で多いのは教師です。教師へのコンサルテーションの目的は，児童生徒への援助能力を高め，教師としての役割を円滑に遂行し，児童生徒のよりよい成長や発達につながる支援が求められます。教師は多くの指導経験があり自信がある反面，新しいことを取り入れるのに抵抗が大きい場合があります。そのような場合は，教師自らの経験を生かし展開する形で新しい提案をしていきます。また，問題を大きくとらえた概念的な提示と現在の事例に即した具体的な事例の両面を提示します。また，教師も保護者と同様に個人的なカウンセリングが必要と感じることもあるでしょうが，教師という役割を大切にしたコンサルテーションに徹します。

2 　コーディネーションの基礎・基本

(1) 　コーディネーションとは何か

　コーディネーション（coordination）は，「学校内外のリソース（援助資源）を調整しながらチームを形成し，援助チーム及びシステムレベルで，援助活動を調整するプロセス」と定義されます（瀬戸・石隈，2002）。学校内外の複数のリソース（援助資源）の調整や連携を図り，それらが適切に活用されるようにすることで，教育相談を進めていくのです。

　子どもたちの指導・援助にあたっては，教職員が互いに連携・協働して，チームとしてかかわることが重要です。しかし，現実には，教職員自らが意識的に求めなければ，なかなか促進しにくいという特徴があります。特に小学校においては，学級担任による問題の抱え込みが起こりがちです。個人での対応から脱して学校のスタッフが互いに連携・協働することを促進し，チームでの支援が効果をあげるためには，学校内外の人的・物的資源をつなぎ，チームをまとめ，調整していく役割を担う人（コーディネーター）が大切です。このコーディネートは，学校で教育相談を行う上で，最も大切です。

　　ある小学校で，不満があるとしばしば学級を飛び出し，さまざまな場所に隠れたり，学校外に出て行ってしまったりする児童がいました。担任だけでは対処が難しいため，同様の事態が発生した際には職員室に連絡を入れ，教頭（副校長）がコーディネーターとなって指示を出し，用務主事が学校の出入り口を閉め，手が空いている先生方や事務主事が学校を見回る体制をつくりました。

　このように，問題に対して事前に支援する体制をつくるなどして，複数の教職員が密接に連携し協力をすることは大切なことです。

(2) 　学校内でのコーディネーション

　学校の中のリソースは，校務分掌の個人（各教員，スクールカウンセラー等）

と組織（各学年会，生徒指導委員会，教育相談委員会等）です。当該の問題にかかわる個人の主体性と責任を大事にしながら，それら個人と組織を上手につないでいくことが重要です。

　たとえば，小学校においては，児童の不適応問題を発見し，直接の対処を行うのは，学級担任が多いと思います。学級担任は学年組織に位置づけられており，学年で問題に対応をする場合は，学年主任がコーディネーターの役割を担うことが考えられます。学年会で当該の学級担任から問題の認識や対応等が報告，連絡，相談されると，コーディネーターの学年主任は当該の学級担任の自由裁量を大切にしつつ，学年集団が担任を支えるとともに，学年の教員や養護教諭，スクールカウンセラー等による側面からの支援を行う働きが求められます。

　また，学級担任と同様に不適応問題を見つけることが多いのは保健室の養護教諭です。保健室には傷の手当てや体調の不具合の訴えのほか，人間関係の不調やストレス，悩み等の心理的な訴えがある児童や生徒も多くいます。このような児童生徒の多数の困り事を整理し，関係する教員とチームをつくって問題を共有し，解決に向けての取り組みを始めるコーディネーターの役割を担っているのが養護教諭でもあるのです。

(3)　何をコーディネートするのか

1)　チームの編成と調整

　発生した問題行動に対してコーディネートをする際に，最初に行うのは，チームの編成です。まず，問題に対応するチームにどのような人を集めるのかを調整します。その上でチームでの対応の必要を説明し，チームのメンバーに会議の日時や場所，誰がどの程度の資料を準備するかについて連絡し調整をします。学年を超えてチームを編成する場合は，教頭（副校長）や生活指導主任にかかわってもらい，その助言に基づきチーム編成の調整を図ることが多いです。

2)　チームの活動のマネジメント

　次に，チームでの活動をマネジメントします。チームの中で，問題行動の状況や困っている状況，資源等についてアセスメントし，具体的な対応策や役割

分担を決定するための話し合いを調整します。

　役割分担に基づいて対応策を実施しますが，一人ひとりのメンバーと丁寧にかかわり，実施の状況を適切に把握し，困っている援助者がいたら助けるなどしてメンバーの士気や有用感を高め，支えることも大切です。また，チーム外の教職員との連絡・調整や管理職への報告・調整を行う等も大切です。

3) 保護者や専門機関等との連携窓口

　問題行動によっては，コーディネーターは保護者や専門機関との連絡・調整を図る仲介役となったり，保護者への情報提供を企画したりすることも大切です。時には，関係諸機関やスクールカウンセラー等との連携の窓口となり，情報共有や役割分担の調整を行うことも必要です。

(4) 学校外リソースとのコーディネーション

1) 学校外のリソース（援助資源）

　学校外のリソースとしては，教育相談機関，医療機関，児童相談所，警察署，子ども家庭支援センター，社会福祉施設，児童委員，民生委員など多様なものがあります。学校内だけの支援では不十分だと判断される場合は，積極的にこれら学校外のリソースとの連携・協力を図ることが大切です。また，どのようなリソースと連携・協力をすればよいのかは，学校外の施設とのかかわりが多い校長や教頭（副校長）などの管理職やスクールカウンセラー，養護教諭等の紹介や教育委員会の教育相談担当に問い合わせをして紹介をしてもらいます。

2) 学校外リソースの紹介

　学校外のリソースを紹介する際には，事前に外部機関がどのような問題に対応ができるのかを正しく理解をしていることが前提です。特に保護者に学校外のリソースを勧める際はデリケートな問題があります。子どもへのよりよい支援を図るための紹介ですが，保護者にとっては子どもに病気や障害があると決めつけられたと受けとめたり，学校から見捨てられたと感じてしまったりすることがあるからです。そのために，学校のスタッフは，これまでと変わらず子どもの指導や支援に尽力することを保障し，学校スタッフがよりよい指導や支援のために外部機関の助言を求めることを明確に伝えていくことが大切です。

3）紹介後の学校のかかわり

　外部機関を紹介した後は，保護者，外部機関，学校スタッフの三者で連絡を密に取り，話し合う場を確保することが大切です。これは当該の子どもが家庭や学校において，よりよい生活を営むために必要な情報の共有をするためです。そのために，保護者，外部機関，学校がそれぞれの立場で意見を出し合い，助言をし合い，三者が互いにどのようなことを実践するのかを明確にしておくと，次の話し合いの際に，実践の良し悪しを判断することができます。

　このように，コーディネーターは複数の援助資源をつなぐことで，援助環境を整え，調整し，問題当事者の健全な発達を促し，問題を解決する力を高めるようにします。上下関係がある指示や命令ではなく，コーディネーションで対等・平等の水平関係による共同・協働の関係をつくり上げていくのです。

演習問題

① コンサルテーションとコーディネーションについて，どのようなことか説明をしましょう。

② 子どもの問題行動の具体的な事例を思い浮かべ，どのような情報を集め，どのようにコンサルテーションをすればよいか支援方針を立ててみましょう。

③ 最新の文部科学省の「児童生徒の問題行動・不登校等生徒指導上の諸課題に関する調査結果」を調べてみましょう。調査結果から，発生が多い問題行動に対するコーディネートの在り方を考えてみましょう。

第 **9** 章 保育の場で行う教育相談と 園内体制

keyword | 子育て支援，保護者との送迎時・面談によるコミュニケーション，
園内の連携，地域の関係機関との連携，個別の指導計画

1 保育の場で行う教育相談の意義とは何か

(1) 園の役割

1) 法律や指針，要領に記載されている役割

　幼い乳幼児が育つ場である園での教育相談は，子どもとその保護者と共に展開しています。保護者と保育者が協働して子どもの育ちを支える過程で展開されるものが教育相談であり，広く言えば子育てを支える援助，すなわち子育て支援ともいえるでしょう。

　昨今，幼稚園，保育所，幼保連携型認定こども園では，子どもの保育のみならず子育て支援も重要な役割として位置づけられています。幼稚園は「教育基本法」において，保育所は「児童福祉法」において，幼保連携型認定こども園は「認定こども園法」において，その役割が明記されています。表9-1はこれらの施設における子育て支援の法的な根拠をまとめたものです。3つの園のいずれも，子どもの教育や保育に加え，保護者からの相談に応じ，助言や指導を行うことが重要な役割とされていることがわかります。

　また，子育て支援の内容については「幼稚園教育要領」や「保育所保育指針」でそれぞれ述べられています。幼稚園教育要領の第3章に「教育課程に係る教育時間の終了後等に行う教育活動などの留意事項」について書かれています。

　2　幼稚園の運営に当たっては，子育て支援のために保護者や地域の人々

表 9-1　幼稚園・保育所・認定こども園における子育て支援の法的根拠

幼稚園	学校基本法　第 24 条 幼稚園においては，第 22 条に規定する目的を実現するための教育を行うほか，幼児期の教育に関する各般の問題につき，保護者及び地域住民その他の関係者からの相談に応じ，必要な情報の提供及び助言を行うなど，家庭及び地域における幼児期の教育の支援に務めるものとする。
保育所	児童福祉法　第 18 条の 4 この法律で，保育士とは，第 18 条の 18 第 1 項の登録を受け，保育士の名称を用いて，専門的知識及び技術をもつて，児童の保育及び児童の保護者に対する保育に関する指導を行うことを業とする者をいう。
幼保連携型認定こども園	認定こども園法　第 2 条 7 この法律において「幼保連携型認定こども園」とは，義務教育及びその後の教育の基礎を培うものとしての満三歳以上の子どもに対する教育ならびに保育を必要とする子どもに対する保育を一体的に行い，これらの子どもの健やかな成長が図られるよう適当な環境を与えて，その心身の発達を助長するとともに，保護者に対する子育ての支援を行うことを目的として，この法律の定めるところにより設置される施設をいう。

に機能や施設を開放して，園内体制の整備や関係機関との連携及び協力に配慮しつつ，幼児期の教育に関する相談に応じたり，情報を提供したり，幼児と保護者との登園を受け入れたり，保護者同士の交流の機会を提供したりするなど，幼稚園と家庭が一体となって幼児と関わる取組を進め，地域における幼児期の教育のセンターとしての役割を果たすよう努めるものとする。

　そして保育所保育指針では，第 4 章に子育て支援について独立して章が立てられ，保育園における子育て支援が重要な役割として位置づけられていることがわかります。

　保育所における保護者に対する子育て支援は，全ての子どもの健やかな

育ちを実現することができるよう，第1章及び第2章等の関連する事項を踏まえ，子どもの育ちを家庭と連携して支援していくとともに，保護者及び地域が有する子育てを自ら実践する力の向上に資するよう，次の事項に留意するものとする。

　ここで，支援の対象は「保育所を利用している保護者」および「地域の保護者」であり，「保育所の特性を生かした子育て支援」であることや「地域に開かれた」支援であることが示されています。「不適切な養育が疑われる家庭への支援」も対象に含まれます。

2）園に子育て支援の役割が求められる社会的背景

　園において，このように子育て支援が重要な位置づけとなっている背景には，現代の社会状況の影響があります。少子化や核家族化，共働き世帯の増加が進み，多様な家族が増加しています。また，地域社会とのつながりの希薄化や地域で養育を支える機能の弱さが課題となっています。初めての子育て，あるいは子ども一人ひとりによって異なる面もある子育てを，孤立した家庭のみで担うことは，簡単なことではありません。厚生労働省「令和元年度　児童虐待相談対応件数の動向」によると，児童相談所における虐待対応件数は年々増えつづけ，1990年度の集計開始以来，連続で過去最多を更新しています。社会全体で子育てする意識が必要とされており，園は子育てを担う保護者の身近で，共に子どもの育ちを支えるパートナーとして，その専門性を生かすことが求められています。

(2) 園で行う教育相談とは

　では，園における教育相談とはどのようなものなのでしょうか。

　子どもは，さまざまな環境と相互作用しながら育っていきます。園は，子どもがさまざまな豊かな経験ができるように配慮された園舎や園庭などの物理的な空間を持ち，乳児から幼児までの同年代の子どもたちとの出会いや専門性をもって子どもたちを育む保育者との出会い，すなわちこれらの人的環境との相互作用が展開される場です。そして，園の送迎時などは保護者とコミュニケー

ションを取ることができる機会も多く，幼い子どもたちの育ちを保護者と保育者が密に対話しながら支えていく関係をもつこともできます。園は，このように園の物的・人的資源を生かして教育相談および子育て支援に携わることができるのです。

　乳幼児期は，心身ともに未成熟なところから心身ともにたくましくなっていく，非常に成長の著しい時期です。保護者は身体の健康面を気にかけながら，食事や睡眠，排泄といった生活面の安定や自立を気にかけている場合が多く見られます。また，子どもの発達についても個人差が大きい時期であるため，保護者は我が子の発達について心配や不安を抱くことも少なくありません。また，人を育てるということ自体がまだ見ぬ世界へ踏み込むことですので，慣れない子育てにとまどい，不安になったりいら立ったり，疲弊したりすることもあります。園における教育相談は，保護者と共に子どもたちの心身の発達や成長を育むこと，保護者が子どもを育てていく力を身につけ発揮できるよう支えることが必要となります。このような支援は，日々の連絡帳や送迎時のコミュニケーションによって支えられる面が大きいですが，年に1～2回，年間計画の中に面談を組み込んで話をうかがったり，必要に応じて随時面談を設定したりして展開されます。

(3) 多様性を包含する

　園は多様性を包含する場でありたいものです。子どもそれぞれに個性があり，障害をもっている場合もあります。障害といっても，その在りようは人によってさまざまです。また，子どもが育つ家族の構成や状況もさまざまです。子どものみならず保護者もそれぞれに持ち味があり，これまで生きてきた人生があり，価値観があります。さまざまな子どもと保護者が，さまざまな関係性をもちながら，それぞれさまざまな状況で子どもを育て，子どもたちは育っています。教育相談の場面に限らず，園は子どもや保護者，家庭の多様性を尊重し，柔軟な視野をもってかかわっていくことが大切です。

(4) 園内での連携体制（連携・協働）

　園にはクラスがあり担任保育者がいますが，園長はじめ主任や他クラスの担

任，加配の保育者，看護師や栄養士・調理師など，園全体で子どもたちを見ています。子どもたちは，場面やかかわる人によって，見せる様子が違うことがあります。それは保護者も同様です。子どもやその保護者と出会う園の職員が，それぞれにとらえたことを職員間で共有し，子どもやその保護者の理解を深めるとともに，必要に応じて，その子どもや保護者に適切な支援をしていくことも重要な役割です。支援の際には，内容に応じて適材適所で連携することも必要です。日頃から職員同士が意見を交わし合い，尊重し合いながら協力し合う園の風土が求められます。そして，園内の機能を超える支援が必要な場合には，適宜地域の関係する機関と連携を取ることも重要です。

2　保育の場で行う教育相談の進め方

(1)　発達上の課題に関するアプローチ

> 　ある日，Ｅくんの母親から担任のＦ先生に「言葉の発達が気になる」との話がありました。Ｅくんは4歳児で，体を動かして遊ぶことが好きなとても活発な子です。言葉については，人に思いを伝えることや説明することはあまり得意でなく，うまく伝えられないもどかしさからか，ついお友達を叩いてしまうこともあります。また，Ｆ先生がクラス全体に話をした内容が，よく理解できていない様子も見られていたため，Ｆ先生も気になっていました。
>
> 　Ｆ先生は，母親がこれまでもＥくんの言葉の心配をしていたことを前担任から引き継いでいたこともあり，別の日に面談を設けることを提案し，母親もそれを承諾しました。

1)　問題状況への気づきから，面談，そして見立てまで

　Ｆ先生はまず，面談の機会を設けました。これまでもＥくんの言葉の発達について心配をしていた母親の話を，まずはじっくり聴き，母親が何をどのように心配しているか具体的に理解しようと考えたからです。Ｅくんには2歳年

下の弟がいますが，母親の話では，Eくんは弟のことをかわいがり，いっしょに遊ぶことも多いとのことでした。しかし，だんだんと弟の自己主張がはっきりしてくるようになると，Eくんも思いどおりにはいかず葛藤することが増え，つい叩いたりすることが増えているとのことでした。また，弟が言葉を話せるようになるにつれ，Eくんの言葉の育ちとの違いを感じるようになってきたようです。F先生は，母親の話を傾聴しながら，園でも同じように思いをうまく言葉にできずに手が出てしまうことを思い出していました。F先生は「そのようなご心配があったのですね。話してくださってありがとうございます」と伝えた上で，園での様子も具体的に母親に伝え，「Eくんは思いを言葉にしたり，人に説明したり何かを伝えることが思うようにできず，もどかしい思いをしているかもしれませんね」と伝えました。

　このようにF先生は，母親の思いを傾聴し，母親の心配を受けとめた上で，Eくんの園での様子を伝え，Eくんの思いを推し量って代弁する形で母親と共有しています。Eくん自身の問題としてだけでなく，周囲との関係性もとらえた上で，何が起こっているのか，母親からの情報も踏まえて見立てを共有しています。これらのプロセスは，問題状況への気づきから情報収集，アセスメントの様子を示しています。

2）支援の計画と実行

　母親は，Eくんが2歳ごろから言葉の発達を気にしており，3歳児健診でも相談していたそうです。その際は，発語の少なさは指摘されていたものの，経過を見て，変化が少なければ改めて相談するように言われていたとのことでした。これらの情報をふまえ，F先生は，前担任に改めて昨年度までの発達の経過を確認しました。そして，母親の了解を得て，3歳児健診を実施している保健センターの担当者に，これまでの健診で把握している発達の経過や見立てについて問い合わせました。

　これらの情報を参考に，F先生は改めて母親と面談を設け，Eくんの言葉の発達を育んでいくためのかかわり方について話し合いました。そして，園では，活発で好奇心旺盛なEくんのよさを大事にしながら，他児とのコミュニケー

ションにおいては必要に応じて保育者がEくんの思いを汲み取り代弁して，E
くん自身に返したり他児にも伝わるよう橋渡しをしたりすること，言語理解面
への配慮として，クラス全体への言葉かけをした際には改めて個別の声かけを
行うこと，かつ，それはシンプルでわかりやすい表現にするよう心がけること
を伝えました。また，家庭でも，Eくんの思いを汲み取り代弁してEくん自
身に返したり，シンプルでわかりやすい表現をしたりすることを試みることに
しました。そして，定期的に面談を設けて園の様子を伝えたり，家庭での様子
を教えてもらったりして，いっしょにEくんの育ちを見守ることにしました。
　園での支援の計画と実行は，園でのみ行うのでなく，家庭と協力して行うこ
とが重要です。子どもの成長発達を支えるかかわりを保護者と共に考えていく
ことが，保護者の子ども理解につながり，それが子どもの育ちにつながってい
きます。支援の計画と実行は，保護者との継続的な対話を通して練り直され，
ニーズに合った質の高い支援となっていきます。
　3)　園内の連携・協働と個別の指導計画
　先述のとおり，保護者と共に展開する子どもへの支援では，園内の職員との
連携と協働が重要です。園内の保育カンファレンス等で支援にかかわる情報を
共有したり，互いに変化をとらえて共有し，さらなる工夫を検討したりするこ
とが必要となります。それらは，個別の指導計画にまとめ，園内で共有するこ
ともできます。

(2)　**養育を支えるアプローチ**

　Gちゃんは，利発な印象のある3歳の女の子です。父母ともに教育に熱
心で，たくさんの習い事をしています。送迎の際に母親とお話をすると，
「Gには自立した大人になってほしい」という願いがあるようでした。G
ちゃんの園での様子は，好奇心がありお友達ともよく遊ぶ姿が見られてい
ました。一方，大人に対しては強く甘える様子が見られ，時には，担任の
H先生のそばにいたがり，活動への参加に抵抗を示す姿も見られました。
そのようなGちゃんの様子がH先生は少し気になっていました。

1) 多様な家族の理解

　園が子どもを育てる保護者を支援する役割を担う背景には，現代のさまざまな社会状況が影響しています。さまざまな価値観をもった大人が子どもを育てており，子育て観や子育てに抱く思いもさまざまです。園は，実に多様な価値観に出会う場でしょう。あなたは，上述のような事例と出会ったとき，どのような思いを抱くでしょうか。たとえば，「3歳でたくさんの習い事をさせる必要があるの？」「子どもはたくさん遊んでのびのび育てたほうがいいんじゃないか」と考える人もいれば，「お金をかけられるならば，できるだけ質のよい教育を幼い頃から受けさせたい」と考える人もいるでしょう。保育者が多様な価値観と出会うとき，保育者自身の価値観がどのようなものであるかを見つめることにもなります。自分自身が子どもの育ちや親の役割について，どのような価値観をもっているのか，自覚しておくことが重要です。なぜならば，自分自身の価値観を自覚しておかなければ，無自覚のうちに自分の価値観を子どもや保護者に押しつけてしまう危険もあるからです。保育所保育指針の第4章の1の(1)保育所の特性を生かした子育て支援の項目では，「保護者に対する子育て支援を行う際には，各地域や家庭の実態等を踏まえるとともに，保護者の気持ちを受け止め，相互の信頼関係を基本に，保護者の自己決定を尊重すること」とあります。また，同章の2の(1)には「保護者との相互理解」の必要性について記述されています。相互理解は当然ながら一方通行では成り立ちません。相手の考えを理解しようとする姿勢が信頼関係を築き，相互理解へと発展していくことでしょう。

2) 子どもを真ん中に置いた理解

　保護者の価値観も，保育者の価値観もさまざまです。では，何を基盤に教育相談を展開していくのでしょうか。教育相談において大事なことは，子どもを真ん中に置いた理解をすることです。保護者の子どもへの思いを大事にしながら，保育者の専門性に裏打ちされた子ども理解も伝える。加えて，保護者しか知らない子どもの様子も教えてもらう。そうした相互のやりとりを通して子どもを理解し，「子どもにとって」必要なかかわりをしていくことが大切です。

大人がよかれと思ってしていることが「子どもにとって」必ずしも適切なことだとも限りません。近年では，教育やしつけと称した虐待の事件が取り上げられることも増えています。園で子どもや保護者と出会う保育者は，子どもの最善の利益を念頭に置いた支援を行うことが求められます。

　先述の事例における子どもの様子は，どのように理解できるでしょうか。子どもが甘えるという行為の背景には，安心感を得たいという感覚が働いているものです。Gちゃんがなぜ「強く甘える」のか，その背景を理解する必要があるでしょう。保育者は，保護者の子どもへの思いを尊重しながら，保護者の思いと子どもの思いにズレが生じていると見受けられるときには，子どもの思いも汲み取って保護者に伝えるなどして，親子の関係性がより肯定的なものになるように支える役割もあるでしょう。

　園での子どもの姿を具体的に伝えることは，保護者がそれぞれの子どもに合ったかかわり方を模索していく上で重要なヒントになります。子どもの得意なことや苦手なこと，課題などを，日々の保護者とのコミュニケーションの中で，時には面談等を通じて分かち合っていくことが教育相談の土台となります。また，保護者懇談会や保育参加の機会を通して，子ども理解と子育てを支える取り組みも重要です。

演習問題 -
① 　園が保護者を支援する役割を担う背景には，どのような社会背景があるでしょうか。まとめましょう。
② 　保護者と教育相談を展開していく上で，保育者に求められる専門性や技術はどのようなものでしょうか。
③ 　実習先で，保育者は保護者とどのようにコミュニケーションを取り，保護者の子育てを支えていましたか。思い返してまとめましょう。

第**10**章 学校で行う教育相談と校内体制，関係機関との連携

> keyword | 校内体制，校務分掌，全教職員の組織的情報共有，関係機関，
> 校内コーディネーター

1 学校で行う教育相談を取り巻く環境とは

(1) 社会の変化と教育相談体制の充実

1) 社会の変化と児童生徒の抱える課題の多様化

　現代社会におけるグローバル化，高度情報化，都市化，少子高齢化，核家族化などの影響で，私たちの生活がさまざまに変化しています。こうした中で，家庭の教育力や地域社会の機能の低下が著しく，児童生徒の抱える問題が多様化し，深刻化する傾向も見られます。

　とりわけ，子どもの教育について第一義的責任を有する家庭の教育力や養育力の低下は，家庭において培われる規範意識の低下を招いたり，虐待の深刻化等に現れたりしています。こうした中で，さまざまな社会問題に対して，学校が対応しきれずに責任を追及されたり，学校に対する過剰な要求や過大な期待が寄せられたりしています。これにより，教員の負担感や勤務時間が増え，その結果，学校において最も大切であるはずの児童生徒一人ひとりと向き合う時間や機会が少なくなってきている現状もあります。保護者の不安や緊張感を解きほぐすとともに，保護者の立場を尊重し，事実関係や児童生徒の理解を共有し，問題の解決を図るように，いっしょに考えていく姿勢を示しつづけることが重要です。

2) 学校を支える相談体制の充実

　教育相談は，一人ひとりの児童生徒の自己実現をめざし，本人またはその保護者などに，その望ましい在り方を助言することで，すべての教員が児童生徒

に接するあらゆる機会をとらえ，あらゆる教育活動の実践の中に生かして，一人ひとりに応じたきめこまかな配慮をすることが大切になります。

　一方，現代社会の変容に伴い，児童生徒が直面する問題はますます複雑，多様になっており，保護者や教員だけで解決できない問題が増加している現状もあります。学校や教員の負担が重くなり，児童生徒と向き合う時間が少なくなりつつある中で，児童生徒のさまざまな悩みや課題に適切に対応するためには，学校内外の援助資源を調整しながらチームを形成し問題解決にあたるコーディネーションの考え方が必要になります。

　こうした専門的な能力を有した人材の必要性については，多くの学校の教員が感じていることでもあります。また，学校外の相談機関や相談方法の選択肢を複数用意し，多様な視点できめこまかく児童生徒を見守ることができるような相談体制を総合的に構築することが大切になっています。

3）　学校を支える関係機関の機能や役割，学校との連携の在り方

　学校で行う教育相談と校内体制の延長上にある関係機関の機能や役割，学校との連携の在り方を理解することは重要です。学校や教員が，児童生徒の抱える問題を抱え込まず，適切な機関と連携を図ることが，問題の解決につながるからです。以下に，学校を支える主な関係機関の機能や役割，学校との連携の在り方について述べていきます。

①　市区町村教育委員会

　市区町村教育委員会は，公立小・中学校の設置者となります。多くの教育委員会では，学校教育，家庭教育，いじめ，不登校，問題行動などにかかわる相談窓口を設置し，児童生徒，保護者，教員等を対象に相談に応じています。発達の障害等から支援が必要な児童生徒に対して寄り添い指導を行う人材派遣を行っている教育委員会も増え，特別支援教育に関する支援も受けることができます。また，教育分野と社会福祉等についての専門的な知識や技術を有するスクールソーシャルワーカーを各学校に派遣する教育委員会も増えています。

②　児童家庭支援センター

　児童家庭支援センターは，市区町村が設置する，子どもと家庭に関する総合

相談窓口です。18歳未満の子どもや子育て家庭に関するあらゆる相談に応じるほか，ショートステイ等の子ども家庭在宅サービス，子育てサークルや地域ボランティアの育成などを行っています。児童虐待等，学校だけでは対応できない課題について，最初に連携する機関となります。

③　児童相談所，家庭児童相談室，要保護児童対策協議会

児童相談所は，児童福祉法に基づいて都道府県が設置する行政機関です。18歳未満の子どもに関する相談について，子ども本人・家族・教員・地域の方々等の相談や通告を受けつけています。要保護児童対策地域協議会は，地域の関係機関（児童相談所，家庭児童相談室，園・学校，保健センター，医療機関，警察他）等が，子どもやその家庭に関する情報や考え方を共有し連携して対応するネットワークです。集団守秘義務のもと，関係機関のはざまで適切な支援が行われないといった事例を防止し，迅速に支援を開始することが期待されます。

(2)　**教育相談に関する校内体制**

教育相談は，学校における重要な機能の1つであり，教育相談を組織的に行うためには，学校が一体となって対応することができる校内体制を整備するとともに，教育相談に対する教員一人ひとりの意識を高めることが重要です。教員が児童生徒の抱える問題を抱え込まず，組織をあげて解決につなげていくことが何より重要となるからです。

以下に，学校における教育相談に関する組織，その機能や役割，学級担任との連携の在り方について述べていきます。

1）　学年会や教育相談部

学級担任にとって最も身近な組織は学年会です。学年会は学年主任を中心に，学習指導や生活指導，学校行事の進め方などの学年の方向性や課題等を話し合う会議で，週に1回ほど開かれます。学級担任は，担当する児童生徒の指導上の課題や気になる点などを報告し，その対応について学年主任などから助言を受けることができます。また，児童生徒本人や保護者との面接が必要な場合，学級担任のみならず，学年として対応することもあります。児童生徒の小さな変化であっても，早めに学年会に報告し，助言を受けることが大切です。

さらに，校務分掌に教育相談部が位置づけられています。児童生徒の課題によっては，管理職の判断で，教育相談部の教員が対応することもあります。

2）　生活指導全体会や学校いじめ対策委員会

　児童生徒の生活指導に関する課題を共有し，組織的に課題解決にあたる場として，生活指導全体会があります。さらに，平成25年に施行された「いじめ防止対策推進法」により，各学校には学校いじめ対策委員会が置かれています。年間3回ほど実施される「いじめ発見のためのアンケート」や，児童生徒，保護者などからの情報などから発見されたいじめの解決に組織的にあたります。

　児童虐待等の困難事例の対応については，管理職や生活指導主任，養護教諭などが子ども家庭支援センターや児童相談所と連携して問題解決にあたります。

3）　特別支援教育全体会と校内コーディネーター

　特別支援教育に関する課題を共有し，組織的に課題解決にあたる場として，特別支援教育全体会があります。また，各学校には特別支援教育コーディネーターがおり，学校内の関係者間の連携協力，特別支援学校などの教育機関，医療・福祉関係機関との連携協力の推進役としての役割があります。

　特別支援教育に関する課題は，学級担任が一人で抱え込まず，校内コーディネーターに相談し，児童生徒一人ひとりの教育的ニーズに合った適切な支援や指導につなげていくことが重要です。

4）　スクールカウンセラーとの連携

　スクールカウンセラーは，学校現場で子どもや保護者などの心のケアや支援を行う専門家で，教員と共に親子をサポートするほか，教員への指導・心のケアも行っています。都道府県や市区町村が派遣しており，東京都などでは，全小・中学校に配置されています。全国を見ると，その配置率には差があるものの，徐々に増加している傾向があります。スクールカウンセラーは公認心理師や臨床心理士の資格を有しており，より専門的な助言を受けることができることから，その活用について，各学校の教育相談の計画に適切に位置づけることも大切です。児童生徒の指導や保護者への対応などで迷ったら，遠慮なく相談することが，より適切な対応につながります。近年，発達障害等の子どもへの

接し方に関する相談が増える傾向があります。

(3) 学校段階を越えた情報交換

　切れ目のない相談体制をつくるため，幼稚園・保育所・こども園と小学校，小学校と中学校，中学校と高等学校の学校段階を越えて情報交換を行うなど，教育相談の橋渡しをしていくことも重要になります。近年では，こうした観点から，たとえば小学校教員が入学予定の幼児の在籍する園を訪問するなど，幼児・児童・生徒の情報交換が円滑に行われるようになってきています。

　なお，教育相談を通じて得られた幼児・児童・生徒にかかわる相談内容やそれへの対応等の情報は，個人情報保護の観点から適切な管理が必要になります。公立学校に勤務する教職員は，地方公務員法第34条により，守秘義務が課せられていることも忘れてはなりません。

2　学校で行う教育相談の進め方

(1) 発達の障害が疑われる児童生徒への対応

　発達の障害が疑われる児童生徒が通常の学級に在籍していた場合，学級担任は一人で抱え込まず，校内体制を活用して児童生徒一人ひとりの教育的ニーズに合った適切な支援や指導につなげていくことが重要になります。

　　小学校2年生の学級担任です。2学期になり，担任するIくんが授業中に立ち歩いたり，友達が不快になることを大きな声で言ったりすることが目立ち，授業が成立しないことがあります。どのように対応すべきでしょうか。

1) まず，学年主任に相談しましょう

　Iくんの行動の原因はさまざまな背景が考えられ，たとえば学級担任の授業の質によるものではなく，発達の障害による可能性もあります。状況と要因，課題を多面的にとらえ，Iくんに合ったより適切な支援や指導につなげていくためにも，抱え込まずに，まず学年主任などに相談しましょう。課題となるI

くんの行動が，いつ，どのような場面で，どのような学習の際に発生するかなどを記録しておくことも大切です。

2)　校内で特別支援教育委員会を開催し情報を共有します

　学年主任は，特別支援教育コーディネーターである養護教諭と管理職などに相談し，管理職が特別支援教育委員会を開催します。ここでは，学級担任の記録をもとに，Ｉくんの状況について共通理解が行われます。養護教諭はＩくんの就学前の幼稚園・保育所・こども園での状況と対応に関する聞き取りの記録なども情報提供します。課題となるＩくんの行動が発生することの多い曜日，時刻を選んで，特別支援教育コーディネーターや管理職などが，授業を参観しＩくんの状況を把握・記録します。不適応を起こす場面だけではなく，落ち着いて過ごすことのできる場面や学習についても把握することが大切です。

3)　今後の対応方針を決定します

　再度，特別支援教育委員会を開催し，対応方針を決定します。まずは，保護者と面接し，学校でのＩくんの状況について説明すること，課題となるＩくんの行動が発生することの多い時間帯の一部に，授業のない教員とのＴＴ体制を導入すること，市区町村教育委員会の特別支援教育担当と連携し，Ｉくんに寄り添い指導をする「特別支援教育支援員」の派遣を打診すること，通級指導教室への通級を視野に入れ，保護者に紹介していくことなどが考えられます。

4)　保護者と面接します

　学級担任に加え，学年主任や養護教諭などの複数で面接します。事前に，学校での状況を説明する担任，学校の対応を説明する学年主任など役割分担を話し合っておきます。他の保護者からの情報などから，Ｉくんの保護者も心配したり悩んでいたりすることが予測できます。学校でのＩくんの状況を一方的に説明するのではなく，保護者の心配や悩みに寄り添い，家庭でのＩくんの様子や保護者の対応などについて，じっくりと話を聞く姿勢が何より大切になります。対応を急ぐことも逆効果になりかねません。学校と保護者がいっしょになって，よりよい方向を目指すという雰囲気を醸成したいものです。1回目の面接は，家庭でのＩくんの状況や，保護者の考えを把握するとともに，当面の学

校の対応を伝え，理解・協力を求める場となります。

　5）　再度，保護者と面接します

　一定の期間を置いて，再度，保護者と面接します。管理職を通して要請していた市区町村教育委員会による「特別支援教育支援員」の派遣の検討状況など，学校の対応の進捗状況などを伝えるとともに，その後の学校でのＩくんの状況などを伝えます。また，保護者との子ども理解の共有がどのくらいできているか，保護者の心情はどのような状態かなどを見定めた上で，一人ひとりに合ったより適切な支援や指導を行うことのできるさまざまな機関なども紹介していきます。こうした説明は，特別支援教育コーディネーターが行うことが多いのが現状です。

　たとえば，Ｉくんにとって，週４時間程度の通級指導教室への通級が最も効果があると判断した場合も，学校は保護者と共に，子どもにとって学習しやすい安心できる環境を検討しながら，学校からの提案を伝え，保護者の納得を得られるよう面接を繰り返したり，通級指導教室の参観の機会を設け，実際に体験した内容をもとにさらに話し合ったりするなど，粘り強い対応が求められます。

⑵　いじめへの対応

　いじめは，どの学級でも起きる可能性があるものです。ですから，自らの学級でいじめが発見された場合は，自分の指導が至らないから発生したのではないかと考えるよりも，いかに解決するかに全力を注ぐことが重要です。

　小学校４年生の学級担任です。連絡帳を通して担任するＪさんの保護者から，「２週間ほど前から，娘の文房具などが隠されることが続き，学校に行きたくないと言っている。何とかしてください」との訴えがありました。どのように対応すべきでしょうか。

　1）　連絡帳に返答する前に，報告しましょう

　Ｊさんは，今日は何とか登校してきましたが，再度，同じようなことがある

とたいへん大きなダメージを受けてしまいます。本日中に何らかの対応をすることにより，Jさんと保護者が「学校は訴えを受けとめてくれた，解決に向かって動き出した」と感じていただくことが大切です。そのためには，なるべく早く学年主任，生活指導主任，管理職などに報告しましょう。

2）　その日のうちに，Jさんと面接します

報告を受けた管理職などは，即座に対応を判断します。管理職などからの指示により，学級担任は保護者に電話連絡の上，Jさん本人から話を聞くことが可能であるかを確認します。Jさん本人から話を聞くことが可能である場合は，学級担任に加え学年主任なども同席し，複数で面接します。背景に子ども同士のトラブルなどがあることが考えられますが，まずは，Jさんの気持ちを受けとめ寄り添うこと，学校はJさんを守り安心して登校できるようにするというメッセージを伝えることが重要です。

その上で，どのような物が，いつ頃，どこに隠されているかなどの状況や，友達とのトラブルなどを把握します。

3）　保護者に状況を伝えます

面接後，Jさんを家庭に送り届け，その場で保護者に状況を伝えます。電話連絡という方法もあります。朝，登校すると物が隠されている状況を把握した場合は，登校時に学級担任が教室に在室し，同様のことが起きないようにすることなど，当面の対応を伝えるとともに，学級担任だけではなく，組織で対応していくことも伝えます。

4）　学校いじめ対策委員会を開催し，対応方針を決定します

Jさんの話から，トラブルの相手として具体的な児童名があがっている場合は，その児童へのアプローチを検討します。対応しだいでは，その児童を傷つけることもありますので，慎重な対応が必要になります。面接する場合は，複数対応が原則です。トラブルの相手が複数いる場合は，一人ひとりと面接していきます。詰問調にならず，トラブルの原因などを打ち明けやすいよう，児童にとって親しみのある教員2名程度が対応することも配慮点となります。

また，Jさんの心のケアも必要です。授業中や休み時間のJさんの様子をス

クールカウンセラーに観察してもらい，必要に応じてスクールカウンセラーとの面接も検討します。対応の方針についてスクールカウンセラーが提案・助言を行うコンサルテーションも活用することが重要です。

5）方針に沿って対応します

　面接の結果，トラブルの相手として具体的な名前があがっていた児童の行為であることが明らかになることもあります。この場合，形式的な和解に終わらないように配慮することも大切です。また，さまざまに対応しても，誰の行為であるか明らかにならない場合もあります。加害者を特定することが目的ではなく，いじめの行為をなくし，安心して学校生活を送ることが目的であることに留意する必要があります。学級活動や道徳の時間などを活用して，学級全体の問題として考えていくことも大切です。

　最後に，対応結果を保護者に報告するとともに，同様の行為が起きないようにするためにも，全教職員で情報を共有します。

演習問題 ---

① 学級担任が教育相談を行う際の留意点をまとめましょう。

② 2つの事例を参考にし，保健室登校や不登校における学級担任の対応について考えてみましょう。

③ 発達障害とその対応や関係機関，いじめの実情やその対応などについて調査を行い，その結果を考察してみましょう。

第11章 開発的・予防的カウンセリングの理解と方法

keyword ┃ 開発的・予防的カウンセリング，一次予防（普遍的介入），
二次予防（選択的・指示的介入），アサーショントレーニング，
SOS の出し方教育

1　開発的・予防的カウンセリングとは何か

⑴　治療的カウンセリングから開発的・予防的カウンセリングへ

　「カウンセリング」と聞くと精神的な症状や問題行動を改善させるもの，というイメージを抱く人も多いと思います。こうした「何かの不調や問題を治す」ためのカウンセリングは「治療的カウンセリング」と呼ばれ，カウンセリングの核となるものといっても過言ではありません。しかしながら，近年になって子どもの抱える問題（たとえば学校不適応や問題行動，精神疾患等）が長期化・重篤化していることが問題視されるようになりました。そこで，症状や問題が起きてからの支援ではなく，予防的なアプローチの必要性が指摘されるようになりました。こうした流れを受け，カウセリングは「治療」から「予防」という新たな展開を迎え，その中で「開発的カウンセリング」と「予防的カウンセリング」が確立されることになったのです。

1)　開発的カウンセリング

　開発的カウンセリングは，児童生徒の成長や発達を支援するカウンセリングです。開発的カウンセリングの目的は大きく2つあり，1つは「社会生活を送る上で必要となるライフスキルを身につける」こと，もう1つは「問題に対処する力やストレスに対応できるスキルを身につける」ことです。この2つの目的を達成するためには，さまざまなスキルが必要となりますが，本稿では世界保健機関（WHO）のライフスキル教育に触れながら，説明していきます。

2） 予防的カウンセリング

　予防的カウンセリングは，児童生徒のパーソナリティや家庭環境，発達特性，悩み等を把握することによって，何らかの問題が発生しそうな児童生徒に予防的に働きかけ，本人が自らの力で解決できるよう支援したり，問題が重篤化したりしないように支援を行うカウンセリングです。つまり，予防的カウンセリングの対象となる児童生徒はすでに何らかの「つらさ」を抱えてはいるものの，まだ問題が長期化・重篤化はしていない状態にあるものということになります。

⑵　予防ストラテジー

　Caplan（1964）は，精神医学の立場から「予防」を一次，二次，三次予防の3つの段階に分けました。一次予防では，精神的不調が生じるリスクを高める「リスク要因」と，低下させる「保護要因」の2つの要素に着目し，保護要因を高め，リスク要因を減少させることで，精神的不調が生じないようにする取り組みを指します。二次予防については，まだ症状がはっきりと表に出ていない状態の人や，症状が出はじめている人が対象であり，その症状や問題を抱える期間を短縮することをめざして行われます。最後の三次予防は，精神疾患や重篤化した問題が改善し，回復しつつある人を対象として，再びそうした状態に陥らないようにすることを目的に行われます。この Caplan（1964）の区分は予防について考える際に広く用いられていますが，一方で，その区分の定義が曖昧であるという指摘もあります。こうした指摘を受け，近年では予防的アプローチを，その対象者によって，普遍的介入（Universal intervention），選択的介入（Selective intervention），指示的介入（Indicative intervention），の3つのカテゴリーに分ける流れが広まりつつあります（Mrazek & Haggerty, 1994）。

　普遍的介入は，あるコミュニティに所属している人全員を対象として，パンフレットやリーフレットによる普及啓発活動や心理教育を行うことを指します。低コストであり，介入に際してのリスクが少ないことから，学校において導入しやすいものとなっています。選択的介入は，精神的不調等の問題は現れていないが，そのリスク要因をもっているグループや個人を対象とした介入です。最後に指示的介入は，精神的不調等の問題が起こりつつある（すでに起きてい

る）個人を対象とするものを指します。

　このように，予防にはいくつかの段階があり，その段階に応じて必要なカウンセリングが実施される必要があります。具体的には，ある学校に所属するすべての児童生徒を対象とした一次予防（普遍的介入）は，開発的カウンセリングが中心となりますし，精神的不調が生じやすいリスクをもった児童生徒やすでに何らかの不調が現れはじめている児童生徒に対しては，二次予防（選択的・指示的介入）として予防的カウンセリングが中心となります。

(3)　普遍的介入としての開発的カウンセリング

　一次予防（普遍的介入）では，ある学校に所属するすべての児童生徒が対象となります。すべての児童生徒に対して，社会生活において必要となるスキル（ライフスキル）についての活動を実施することで，ストレスに対する対処や自分自身で問題解決のために動くことができるようなることをめざします。

　では，具体的にはどのようなライフスキルを身につけるための活動が行われるのでしょうか。ライフスキルとは，世界保健機関（WHO）によると「日常生活で生じるさまざまな問題や要求に対して，建設的かつ効果的に対処するために必要な能力」と定義されています（WHO, 1997）。ライフスキルには次の10個のスキル，すなわち，①意思決定，②問題解決，③創造的思考，④批判的思考，⑤効果的コミュニケーション，⑥対人関係スキル，⑦自己認識，⑧共感性，⑨情動への対処，⑩ストレス・コントロール，があり，いずれのスキルも同様に身につけることが求められています。開発的カウンセリングでは，このようなライフスキルについて，教師が児童生徒に一方的に教えるという一方向の授業形式だけでなく，子どもたちが自ら主体的に考え，学び合うことができるような相互作用的な活動形式による機会をつくることが重要です。

　近年では特に，⑤効果的コミュニケーションや⑥対人関係スキル，⑨情動への対処，⑩ストレス・コントロールが学校適応の中でも求められることが多くなっています。後述のアサーショントレーニングや，SOSの出し方教育など，さまざまなプログラムや実践が行われています。

（4） 選択的・指示的介入としての予防的カウンセリング

　二次予防（選択的・指示的介入）としての予防的カウンセリングでは，児童生徒が抱える問題や精神的な不調をいかに早期に発見するか，ということがポイントとなります。そのためには，児童生徒が先生に相談することのできる機会を複数用意しておく必要があります。そもそも相談の種類には，①児童生徒が自ら教員に相談をする「自発相談」，②教師が気になる児童生徒を呼び出して行う「呼び出し相談」，③日々の学校生活の中でちょっとした機会をとらえて行う「チャンス相談」，④すべての児童生徒に定期的に面接を行う「定期相談」，という4つの種類があります。この4つの相談の中で，児童生徒が自ら相談に来る「自発相談」はさまざまな理由により，子どもの立場からすると難しいこともあります。そのため，教師がふだんの児童生徒の様子の中から，ちょっとした違和感をキャッチし，呼び出し相談や，チャンス相談等の機会をつくることが，予防的カウンセリングにおいては重要となります。

　その他にも，いじめアンケートやQ-U（河村，2006）のように，学校で定期的に実施されるアンケートが児童生徒の困り事を拾い上げることのできる貴重な機会となりえます。実際，いじめの発見に最も寄与しているのはアンケート調査であるという結果が文部科学省の調査によって明らかにされています（文部科学省，2019）。このような児童生徒の異変や悩みを拾い上げる機会をつくることが予防的カウンセリングにおいてはとても重要となります。

2　クラスで開発的・予防的カウンセリングを進めるには
〜実践と留意点〜

（1）　開発的カウンセリングの実践

　開発的カウンセリングの実践例としては，ソーシャルスキルトレーニングや，ストレスマネジメント等さまざまなものがありますが，ここではアサーショントレーニングとSOSの出し方教育について取り上げ，その内容と留意点について説明していきます。

1）アサーショントレーニング

アサーショントレーニングでは，基本的人権や相互尊重の立場を重視しながら，自分も相手も大切にするためのコミュニケーション方法を学ぶものとなっています。ここで鍵となるのが「アサーション」という言葉です。アサーションとは「他人の権利を侵害することなく，個人の思考と感情を敵対的でない仕方で表現する行動」（濱口，1994）のことで，自分の気持ちや考えを大切にすることや，自分の主張に責任をもつこと，自分のことを自分で決める（＝意思決定をする）という，態度や信念を重視します。そのため，たんにコミュニケーションスキルという技術面の習得にとどまらないという特徴があります。こうしたトレーニングは，言いたいことが相手に言えない，あるいは自分本位なコミュニケーションによって人間関係がうまくいかないといった対人関係上の問題を抱えやすい児童生徒にとって重要なスキルといえるでしょう。

アサーショントレーニングの実践では，自分がふだんよく使うコミュニケーションのタイプ（非主張的，攻撃的，アサーティブ）についての気づきや，自分の言いたいこと，表現したいことを言葉で表すこと，DESC 法という公式を用いてアサーティブな言い方を実際につくってみるといったプログラムが行われます。特に DESC 法は，D（Describe：状況を描写する）→ E（Express, Explain, Empathize ＝表現・説明・共感する）→ S（Specify ＝特定の提案や質問をする）→ C（Choose ＝選択する）という順番でセリフをつくることで，比較的簡単にアサーティブな言い方をつくることができます（Bower & Bower, 1976）。クラス全体に対しての実施が比較的容易であり，自身の気持ちや感情に気づくことや，自分の気持ちを尊重することのできる効果もあるなど，たんにコミュニケーションスキルの向上にとどまらない利点があります。

2）SOS の出し方教育

近年，子どもの自殺が大きな社会問題となっています。こうした児童生徒の自殺の問題に対し，自殺総合対策大綱（厚生労働省，2017）では，自殺総合対策における当面の重大施策の 12 課題の 1 つに「子ども・若者の自殺対策を更に推進する」を掲げています。また自殺対策基本法においても，学校における自

殺予防教育の導入に関する内容が追加されています。自殺対策基本法では「学校は（中略）当該学校に在籍する児童，生徒等に対し，各人がかけがえのない個人として共に尊重し合いながら生きていくことについての意識の涵養等に資する教育又は啓発，困難な事態，強い心理的負担を受けた場合等における対処の仕方を身に付ける等のための教育又は啓発その他当該学校に在籍する児童，生徒等の心の健康保持に係る教育又は啓発を行うよう務めるものとする」（自殺対策基本法，2016）と示されています。このような形で，近年新たに学校で取り組まれているものが「SOS の出し方教育」なのです。

　具体的な SOS の出し方教育の内容については，児童生徒がつらいときに助けを求めることができるスキルを身につける他，身近な友達のつらさに気づき，信頼できる大人につなげられるスキルを身につけることが重視されています。そのために，心がつらい状態やストレスに関する心理教育や，相談の仕方，相談の受け方，相談先についての情報提供などが行われます。

　このように，開発的カウンセリングは，一次予防（普遍的介入）として実施されることから，クラス全員（あるいは学年や学校全体ということもあります）を対象として行われるため，ともすれば教師－児童生徒間のやりとりが一方向的になりやすく，個々の児童生徒の状態や反応を十分に汲み取れないという危険性があります。そのため，実践を行う際には，個人ワークやグループワークを取り入れ，子どもたち同士や教師が双方向にやりとりができるよう工夫することや，複数の教師が参加することで，児童生徒の状態や反応に個別に声かけができる体制をつくるなどの配慮を行う必要があります。

(2)　予防的カウンセリングの実践

　予防的カウンセリングの実践は，先にも述べたとおり，児童生徒の不調や問題を早期に発見し，早期に支援を行うことが目的となります。そのための方法として，いじめアンケートや Q-U によるアンケート調査と，児童生徒の学校生活上の様子，具体的には睡眠，食事，体調，行動の４つの側面から変化に気づき，支援につなげるという２つの方法についてそれぞれ説明をしていきます。

1) アンケート調査

二次予防（選択的・指示的介入）のためのアンケート調査では児童生徒の心身の状態や人間関係，困り事等を把握し，何らかの不調が出ている（あるいは出はじめている）児童生徒を早期に見つける，ということが目的となります。このような場合，アンケート調査では，自由に自分の気持ちや困り事を書くことのできる自由記述欄等の他，児童生徒用の心理尺度（たとえば抑うつ尺度やQ-U等）を使用することで，ある程度客観的な評価を行うことが可能です。

アンケートの実施においては，個人のプライバシーに配慮をすることの他，リスクがあると判断された児童生徒に対して，支援が押しつけにならないように留意することが求められます。たとえば，Q-Uでは，結果から児童生徒は「学校生活満足群」「侵害行為認知群」「非承認群」「学校生活不満足群（要支援群を含む）」に分けられます（河村，2006）。その際，要支援群と評価された児童生徒に対し，その結果だけでもって，リスクのある子といった偏った見方をしてはいけません。その他の学校生活の様子等，さまざまな情報を組み合わせる中で，児童生徒の状態をとらえることが重要です。

2) 児童生徒の変化に気づく

アンケート調査の他に，児童生徒の日常生活の様子から，異変に気づくことも可能です。特に，食欲や睡眠，体調，行動の4点は，子どもの不調のサインが出やすいものとなります。

児童生徒は，年齢や発達の特徴，本人を取り巻くさまざまな状況等によって，

表11-1　子どもの不調のサインの可能性があるもの

カテゴリー	具体例
食欲	食欲がない，食べる量が減った等
睡眠	授業中にいつも寝ている，眠そうな様子，だるそうな様子がある等
体調	疲れやすい，顔色が悪い，腹痛，胃痛（吐き気），頭痛，めまい等の体調不良が明確な原因がなく長期に続く
行動	学校に行きたがらない，ひきこもりがち，暴言や暴力が出る，ぼんやりしている等，いつもと違う言動が継続して見られる

自分の不安や困り事，心身の不調を言語でうまく伝えられないことが多々あります。そうしたときに，客観的に観察可能な点から，児童生徒の背後にある不調に気づくことができるように日々取り組むことが，予防的カウンセリングでは必要なスキルとなってくるのです。

　3）　SOS に気づいたら

　アンケートや日常生活の様子から，児童生徒の SOS に気づいたときには，本人に最近困っていること等がないかどうか声をかけ，必要に応じて，スクールカウンセラー等につなぐことが求められます。また，他の教職員等とも連携をし，児童生徒の様子を見守る体制を構築することも重要です。特に，小学校 6 年生の児童においては，中学校への進学の際に丁寧な連携を行うことで，スムーズな小・中学校間の接続が可能となります。ただし，連携の際には，本人や保護者の意向をきちんと確認し，丁寧に進めていくことが求められます。

演習問題 ---

①　予防的カウンセリングと開発的カウンセリングの特徴についてまとめましょう。

②　学校間の接続期にある児童生徒（たとえば小学 6 年生と中学 1 年生）において，特に必要となる開発的カウンセリングや予防的カウンセリングはどのようなものでしょうか。

③　不登校やいじめの認知件数が年々増加していますが，これらを解決するために開発的カウンセリングや予防的カウンセリングではどのようなことができるでしょうか。あなたの意見を述べてください。

第**12**章 学校教育における 集団的アプローチ

keyword │ 集団的アプローチ，スキルトレーニング，居場所，
ベーシックエンカウンターグループ，
構成的エンカウンターグループ

1 集団的アプローチとは何か

(1) 集団的アプローチの目的

　学校は，子ども一人ひとりが個々に活動するよりも，集団としての活動の機会が多くある場所です。子どもたちはクラス単位で授業を受け，給食を食べ，掃除するなど，そのほとんどが集団活動となっています。子どもたちにとってクラスという集団は学校生活において非常に重要なものであるといえるのです。

　こうした集団が子どもたちの心身や学習面の成長にプラスに機能するために行われるものが集団的アプローチです。集団的アプローチの目的は大きく2つあり，1つめは子ども個人の心理面の成長，2つめはクラス集団内における人間関係や居場所づくりの促進です。これらは，第11章で取り上げた開発的カウンセリングに位置づけられるものになります。

1) 子ども個人の心理面の成長

　集団的アプローチは，子どもたち一人ひとりの自己理解の促進や，コミュニケーションスキルの向上，対人関係スキルの向上に役立ちます。具体的には，第11章で紹介したアサーショントレーニングや，ソーシャルスキルトレーニング等を通して，今の自分についての理解を深め，コミュニケーションや情動コントロールなどのスキルアップをめざしていきます。たとえば，ソーシャルスキルトレーニングの集団的アプローチとして，相川 (2008) では，「話を聴くスキル」「気持ちに共感するスキル」「怒りをコントロールするスキル」「優しい頼み方のスキル」「友達を励ますスキル」から構成される集団的ソーシャ

ルスキルトレーニングを小学生に実施し，トレーニングによってソーシャルスキルの向上に効果があったことが報告されています。

2) クラス集団内における人間関係や居場所づくりの促進

　集団的アプローチでは，他者理解や相互理解を深め，相互援助的な関係をつくることも可能となります。これにより，クラスに対する所属感を強め，居場所づくりの一助ともなります。具体的には，ベーシックエンカウンターグループや，構成的エンカウンターグループが代表的なアプローチとなります。こうした他者理解や相互理解，相互援助的な関係性は，個人に対するアプローチではなく，集団で共に学び合うアプローチだからこそ醸成されるものといえるでしょう。

(2) 集団的アプローチの今日的な意義

　上述したように，集団的アプローチは，子どもたちが自分自身のことを見つめ，理解するだけでなく，他者理解，相互援助的な関係を構築することに大いに役立ちます。こうした取り組みは，不登校やいじめの認知件数が増加しつづける今日的な学校問題に対する有効なアプローチとしても期待できます。学校には複雑な家庭環境や多様な価値観，発達障害や精神疾患等の配慮が必要な児童生徒など，さまざまな子どもたちがいます。そうした子どもたちが１つのクラスという集団としてまとまり，クラスが子どもたちにとっての居場所となるためには，効果的な集団的アプローチの導入が欠かせません。とりわけ，学校適応の要となる「居場所」づくりという視点は，さまざまな問題を抱える学校現場において，教師あるいはスクールカウンセラーが押さえておくべき重要なポイントなのです。

　「居場所」はさまざまに定義されていますが，学校における児童生徒の居場所について考えるとき，それは教室等の物理的・空間的なものを指すばかりではありません。子ども自身がそこにいると落ち着く，安心する，自分らしくいられる，自分のことを受け入れてもらえる，という関係性の側面が重要なポイントになってくるのです。則定（2008）は，こうした関係性の側面にかかわる居場所について，そこにいると落ち着くという「安心感」，自分のことを理解

して受け入れてもらえるという「被受容感」，ありのままの自分でいられるという「本来感」，自分が必要とされているという「役割感」，の4つの要素から構成されることを明らかにしています。つまり，子どもたちにとって，自分が所属するクラスに対して安心感や被受容感，本来感，役割感をきちんともっているかどうかが，学校適応に大きな影響を及ぼすといっても過言ではなく，これらの点がきちんと感じられるようなクラスづくり，集団づくりができることが，不登校などを未然に防ぐことができるともいえるのです。

こうした観点から，子どもたちの居場所づくりを促進するためには，一人ひとりにアプローチをする個人的アプローチではなく，クラス全体を対象とした集団的なアプローチを実施していくことが求められているのです。

2　集団的アプローチを進めるには～実践と留意点～

では，どのような集団的アプローチが，子どもたちにとって居場所となるクラスづくりを促進するのでしょうか。ここでは，ベーシックエンカウンターグループと，構成的エンカウンターグループの2つについて取り上げていきます。

(1)　ベーシックエンカウンターグループ

ベーシックエンカウンターグループは，自己理解や他者理解を深めることで自分自身の成長をめざすことを目的とした活動です。「非構成的エンカウンターグループ」とも呼ばれており，参加者は車座になって座り，その場で感じたことや思ったことを率直に話すという形で行われます。グループは対話ができる人数であることが求められるため，おおよそ10人程度で1つのグループをつくります。また，参加者の他にファシリテーターという役割を設置します。ベーシックエンカウンターグループにおけるファシリテーターは，「グループの潜在力を信頼し，グループやメンバー個人に対して受容や共感的理解を示すことでグループ・プロセスの促進を図る」（押江，2012）という役割が求められます。ファシリテーターは基本的にはタイムキープという仕事以外は，グループの活動を見守り，受容し，共感することが重要となります。

ベーシックエンカウンターグループは，目的やテーマ等を構成しないという

特徴のために，活動初期には沈黙であったり，場当たり的な話題ばかりになったり，不満がファシリテーターに対して向けられたりすることもあります。しかし，それらの経験や感情を共有し乗り越えることで，参加者は普段の日常生活ではあまり話さないような内容や，個人的な話題について話しはじめるようになるといわれています（村山・野島，1977）。

　このようにベーシックエンカウンターグループは，活動全体を通して，参加者同士の信頼関係や相互理解，自己表現が促進されることが期待できます。ただし，参加者にはある程度の言語的なコミュニケーションスキルや落ち着いて他者の話を聴くことが求められるため，こうした活動に適した発達段階等に配慮して実施することが求められるでしょう。

(2)　構成的エンカウンターグループ

　構成的エンカウンターグループは，上述したベーシックエンカウンターグループとは異なり，ファシリテーターがグループの活動の主導権をもち，グループの参加者や，活動内容，時間等を構成します。國分（1981, 1992）は構成的エンカウンターグループについて，①短い時間で参加者の関係性を深めることができる，②参加者の状態に応じて活動内容やスピードをコントロールすることができる，③枠をつくることで，活動が荒れにくい，という利点をあげています。

　構成的エンカウンターグループは，このような特徴から学校教育において導入しやすく，さまざまなエクササイズの実践が行われています。ここで行われるエクササイズは構成的エンカウンターグループの原理（國分，1981）としてあげられる6つの要素，すなわち「①ホンネを知る」「②ホンネを表現する」「③ホンネを主張する」「④他者のホンネを受け入れる」「⑤他者の行動の一貫性を信ずる」「⑥他者とのかかわりをもつ」が達成できるような内容となっている必要があります。

　クラスでの実施の流れについては，岡田（1997）がくわしいため，その内容について表12-1にまとめました。この流れからもわかるとおり，たんに多種多様なエクササイズをただ実施すればよいということではなく，エクササイズ

表 12-1　クラスでの構成的エンカウンターグループ実施の流れ（岡田，1997 をもとに作成）

順番	内容と留意点
① ねらいと内容の説明	エクササイズの目的について子どもたちにわかりやすく説明を行います。
② ウォーミングアップ	エクササイズの本番に入る前に，心身の準備を整えるための活動を行います。
③ ウォーミングアップに対する教師のフィードバック	教師から，ウォーミングアップに対する簡単なフィードバックを行います。
④ インストラクション	エクササイズの導入として，エクササイズの説明やデモンストレーションを行います。ルールを子どもたちにわかりやすく伝え，徹底するように指導します。デモンストレーションでは具体的にわかりやすく実演を行うことが効果的です。
⑤ エクササイズの実施	児童生徒が積極的に参加しているかや，ルール違反等がないかをチェックし，必要に応じてファシリテーターである教師が介入を行います。介入では，軌道修正やエクササイズが停滞している様子であれば手助けをしたりします。
⑥ シェアリング	エクササイズを通して感じたことや気づいたことを児童生徒同士で話し合います。エクササイズを振り返ることで，自分自身の感情に気づいたり，自己理解が促進されたりします。
⑦ まとめ	ファシリテーターである教師が，全体を通してのフィードバックを行います。なお，エクササイズ終了後にネガティブな感情をもつ児童生徒もいるため，その際には必要なケアを行うことが求められます。

に対する振り返りや，参加している児童生徒，そしてファシリテーターとの体験や感情，考えの共有こそが重要であることがわかると思います。

　学校における構成的エンカウンターグループ実践について，小学校での実践と，中学校での実践について見てみましょう。

　小学校における構成的エンカウンターグループの実践例として，佐々木・菅原（2009）は，小学校 4 年生から 6 年生を対象に，リレーションの形成と自己理解，他者理解，他者受容を深めることを目的として，「質問ジャンケン（他

者理解・自己理解）」「すごろくトーキング（他者理解）」「無人島 SOS（他者理解・他者受容）」のエクササイズを実施しました。その結果，実践の後には学校生活満足度や学校生活意欲度，親和動機の向上に効果があったことが報告されています。

中学校における構成的エンカウンターグループの実践例として，山口ら（2017）は，固定化された人間関係に対する変化を促すことを目的として，中学 1 年生を対象に 1 週間に 1 回のペースで合計 4 回の構成的エンカウンターグループの実践を行いました。ここで行われたエクササイズは，「無人島脱出」「二者択一」「気になる自画像」「共同絵画」の 4 つでした。実践の結果，目的のとおり固定化された人間関係に変化があった他，自己表現が向上し，他者理解も促進されたことが報告されています。加えて，学習意欲にも効果的な結果が見られたことが明らかになっています。

(3) 構成的エンカウンターグループのエクササイズ

エクササイズについて，具体的な理解を深めるために，佐々木・菅原（2009），山口ら（2017）で用いられたエクササイズについて簡単に紹介していきます。なお，これらのエクササイズは，國分・國分（2004）にまとめられています。

「質問ジャンケン」は，2 人 1 組でジャンケンを行い，勝った人が負けた人に対し一問一答形式の質問をするというものです。相手のことを理解する目的で行うため，質問は相手に関する内容とすることが求められます。

「すごろくトーキング」は，すごろくのマス目に自己開示を促進するような質問（たとえば，「好きな食べ物は？」「私が得意なことは？」「将来の夢は？」「苦手な教科は？」など）が書いてあり，普通のすごろくと同様に自分のコマを進め，自己開示を行っていくというものとなっています。スタート近くのマス目に書かれている質問は，自己開示の程度が軽く，あまり侵襲的でないものとなっていることが多く，ゴールに近づくにつれて自己開示の程度が深くなっていくようになっています。

「無人島 SOS」は，無人島に流れ着いたという設定で，無人島で無事に生き残るために必要なアイテムをリストから選ぶというエクササイズです。必要な

アイテム数は5個程度に設定されており，合意形成のためのコミュニケーションを学ぶことがねらいとなっています。具体的には，自分の意見を言うこと，特にその理由をきちんと説明できることや，目的達成のため（「無人島SOS」であれば，無事に生き残るという目的）に感情的にならずにグループメンバーと協力できるようになることが求められます。

「無人島脱出」は，「無人島SOS」と同様の設定で，脱出のための手段が複数提示され，その中から優先順位をつけるというエクササイズとなっています。グループの中で統一見解を出すため，「無人島SOS」と同様に合意形成のためのエクササイズということができるでしょう。

「二者択一」は，「都会－田舎」などの相反する言葉に対し，自分が好きなものを選んだ後，グループの中で自分の選択結果について，なぜその選択をしたのかという理由も含めてシェアリングを行うというエクササイズです。シェアリングが鍵となる活動であり，同じ選択をしていても理由が違うなどに気づくことで，自己理解と他者理解の促進が期待できます。

「気になる自画像」は，「優しい」「冷静」などの個人の特徴を表す言葉の中から，自分やグループメンバーに合うものを選び，それをシェアリングするというエクササイズです。自分が思っている自己像と他者からの評価の異同について気づきを得る中で，自己理解，他者理解を深めていくことがねらいとなっています。

「共同絵画」は，一言もしゃべらずにグループで1枚の絵を完成させるというエクササイズです。絵のテーマはファシリテーターが設定します。グループメンバー同士は身振り手振りでコミュニケーションを取ることは許可されています。ルールを守りながら，グループメンバーと協力して問題解決にあたることが求められます。

⑷ 留意点

構成的エンカウンターグループは，國分・國分（2004）にあるようにさまざまなエクササイズが考案され，学校での実施にあたってはそれぞれの学校やクラスの様子に応じて適宜アレンジも加えられながら実践が行われています。比

較的汎用性が高い活動ではありますが，すべてにおいてグループ活動が基本であるため，発達特性上やさまざまな事情でそうした活動が難しい児童生徒に対しては，補助の教員をチームティーチングとしてつけるなどの配慮が必要となります。また，シェアリングが重視される側面があるため，自分の気持ちや考えを言葉で表現するスキルも必要となります。口頭でのやりとりが難しい児童生徒のために，ワークシート等を別途準備することで，自分の体験を振り返りやすくする工夫が必要となります。

演習問題 --

① 学校教育における集団的アプローチの特徴と，今日の学校教育で実施する意義についてまとめましょう。

② 新学期にクラス集団としてまとまりをつくり，クラスメイト同士が互いのことを知るためには，どのような集団的アプローチを行うとよいでしょうか。

③ 発達特性上，集団的アプローチが苦手な児童生徒には，どのような配慮や工夫を行う必要があるでしょうか。具体的に考えてみましょう。

第**13**章 多様なニーズのある子どもの 教育相談と支援体制

> keyword ┃ 多様なニーズ，共生社会，多様性（ダイバーシティ），発達障害，
> 特別支援教育

1 学校教育における「多様なニーズのある子ども」とは何か

　現在，我が国は障害のあるなしや性別，年齢などにかかわらず，すべての人が互いの人権や尊厳を大切にし，支え合い，誰もがいきいきとした人生を送ることができる社会である，「共生社会」を築くことをめざしています。そのためには，自分は他の人とは違う，という「多様性」を一人ひとりが認識し，互いの個性を尊重することが重要になります。学校教育においても，それぞれの子どもたちの「多様性」を理解し，それぞれが自分の能力を最大限発揮させることができるように共に学ぶことが重要であり，その仕組みとして「インクルーシブ教育システム」を構築することが必要になっています。この章では，インクルーシブ教育システムを見据えて，学校教育における「多様なニーズ」を理解し，その教育相談の在り方について学びます。

(1) 発達障害

　近年，学校教育における「多様なニーズ」の代表としてあげられるのが発達障害です。後述する特別支援教育制度が開始された背景にも，発達障害のある子どもの増加があります。文部科学省が2012年に行った調査によると，通常の小・中学校に在籍する児童生徒のうち，約6.5%に発達障害の疑いがあるという結果が示されました。これは，35人学級に2人程度という割合になります。

　「発達障害」というのはいくつかの症状の総称であり，その定義はさまざまです。我が国では，2005年に施行された発達障害者支援法で定めた定義が用いられることが一般的で，すべて低年齢において発症する脳機能の障害である

とされています。以下に代表的なものを紹介します。

1) 自閉症スペクトラム障害（自閉スペクトラム症，Autism Spectrum Disorder; ASD）

社会的コミュニケーションや対人関係と，興味・関心の限定や反復的な行動様式に特徴づけられる発達障害の1つです。前者は他者とのかかわり方ややりとりの質的な問題，後者はこだわりや想像力の欠如，感覚刺激の特異性として表れます。かつては広汎性発達障害，自閉性障害，アスペルガー障害などと呼ばれていましたが，近年では状態像の解明が進み，ASDにまとめられています。

ASDの発生頻度は研究によってさまざまな報告がありますが，我が国では100人〜500人に1人程度とされており，男女比は4：1で男性に多いです。また，ASDは他の発達障害や知的障害などと合併することが多く，米国疾病予防管理センター（CDC）の調査によると，ASDの子どもの約33%が知的障害を合併しているとされています（ADDM Network, 2020）。

2) 注意欠陥多動性障害（注意欠如・多動症，Attention-Deficit / Hyperactivity Disorder; ADHD）

不注意と多動性・衝動性を主症状とする発達障害です。気が散って落ち着きがなかったり，ミスや忘れ物が多く持ち物が整理できなかったり，衝動的に動いたり発言したりしてしまうことがあります。ADHDは子どもの約5%に現れるとされていますが，加齢とともにその症状は減少していくことが知られています。しかし，多動性が改善していく一方で不注意の症状は成人期でも残りやすく，ライフサイクルを通じた支援が必要になります。

ADHDの症状には，大脳の前頭前野という部分で調節される，自分の注意や行動をコントロールする「実行機能」が関係していると考えられています。実行機能には，行動や思考の抑制，情報を一時的に記憶しながら活用するワーキングメモリ，これから行う活動を計画して見通しを立てるプランニングなどの能力が関係しており，ADHDの子どもたちはこれらが苦手な傾向があります。

3) 限局性学習障害（限局性学習症，Specific Learning Disorder; SLD）

全般的に知的発達の遅れがないにもかかわらず，音読，読みの理解，書字，

作文，数字や数の理解，計算や推論の少なくとも1つの習得や使用に著しい困難を示すことが特徴です。読みに困難がある場合はディスレクシア，書きに困難がある場合はディスグラフィア，算数に困難がある場合はディスカリキュリアと呼ばれ，特に我が国では読み書きに困難がある場合を発達性ディスレクシア（発達性読み書き障害）という場合があります。また，それらを総称して学習障害といいます。読み書き障害の場合，文字を一つひとつ拾って読む逐次読みや，文末などを適当に自分で変えて読んでしまう勝手読み，拗音や促音などの特殊音節の読み書きの誤りなどが見られることがあります。

4）　その他の発達障害

　ASD，ADHD，SLD は発達障害の代表的な例としてあげられますが，他にも発達障害として定義されているものがあります。発達性協調運動障害（DCD）は不器用さや運動技能における明らかな困難に表れます。発症率は約5～10% で，ADHD の約30～50%，SLD の約50% に合併していると考えられます（中井，2016）。また，滑らかな発話ができず，最初の音を何回も繰り返したり引き伸ばしたりするなどの症状に現れる吃音（流暢性障害）や，突発的で急速，反復性の運動や発声に現れるチックなども脳機能の障害と考えられ，発達障害であるとされています。さらに，他の状況では話すことができるにもかかわらず，特定の社会的状況では一貫して話すことができない選択性緘黙（場面緘黙）は，米国精神医学会（APA）による精神疾患の診断・統計マニュアル（DSM-5）によると，発生率が0.03～1% とされていますが，我が国では約4割の学校に在籍しているという報告もあり（Matsushita et al., 2019），学校における早期からの支援の必要性が示されています。

(2)　**外国籍**

　日本国内における在留外国人数は，約203万人であった2012（平成24）年以降年々増加し，2019（令和元）年末には約293万人となっています（法務省，2020）。国籍の内訳としては，中国が約81万人（27.7%）で最も多く，韓国（約45万人），ベトナム（約41万人），フィリピン（約28万人）などのアジア圏が全体の約8割を占めています。我が国では外国人の子どもには義務教育への修学

義務がありませんが，公立の義務教育諸学校へ就学を希望する場合には，国際人権規約等をふまえて無償で受け入れています。そのため，近年では外国籍の児童生徒数が増加しており，2019年現在で約10万人が在籍しています。

　このような状況に対して，2014年に学校教育法施行規則が改正され，日本語能力が十分でない児童生徒に対して日本語指導のための特別な教育課程が編成・実施されることとなりました。2018年には約3万2000人がその対象となっていますが，日本語指導が必要な児童生徒は約5万1000人であり，十分な支援が行き届いているとはいえません。また，外国籍であっても，日本で生まれたり日本での生活が長かったりなどによって日本語に精通している児童生徒もいれば，日本国籍であっても家庭での使用言語が外国語であるなどによって日本語指導が必要な児童生徒もいます。国籍を問わず，教育の機会均等のためにすべての子どもたちに支援を行うことが必要です。

(3)　子ども虐待

　厚生労働省によると，2018（平成30）年度の児童虐待相談対応件数は過去最高の15万9850件であり，2008（平成20）年度の4万2664件に比べて，10年間で約3.7倍に増加しています。相談件数が実際の虐待事案件数そのものを表すわけではありませんが，虐待を経験したことが明らかとなっている子どもの数が増えていることは明らかです。虐待を受けた子どもたちには，身体的だけでなく心理的にも大きな影響が与えられ，教育上の配慮が求められます。詳細については第15章で解説します。

(4)　精神疾患

　頭痛や腹痛などの身体的な症状の背景に，心理的な面での不調がある場合もあります。いくつかの基準において，ある一定の水準以上に症状が見られる場合に精神疾患と定義することがありますが，その基準として，前述のDSM-5のほか，世界保健機関（WHO）による国際疾病分類（ICD-11）が用いられます。子どもたちにおいて見られる精神疾患の例をいくつか紹介しますが，これらの診断は医師によって適切に行われることが重要です。子どもや保護者の訴えに対して，養護教諭等が窓口になって，小児科や精神科，心療内科などの適切な

医療機関を紹介し，連携して支援にあたることが求められます。

1）不安障害（Anxiety Disorders）

現実の脅威に対する恐怖と，将来の脅威に対する不安に対して，筋緊張や覚醒状態，回避行動などが生じます。犬や虫などの動物，水や高所などの自然環境，閉所やエレベーターなどの状況，血液や注射などに対する限局的な恐怖症のほか，人とのかかわりや人前での発表などの社交不安，広場恐怖，発達障害の1つにもあげられる選択性緘黙も，不安障害の1つです。

2）強迫症（Obsessive-Compulsive Disorder）

手を洗ったり確認したりする行動や，祈る，数えるなどの心の中の行為が繰り返し強迫的に，その行為を行うよう駆り立てられているように起こります。

3）心的外傷後ストレス障害（Posttraumatic Stress Disorder）

大きな事故や災害による死や性的暴力などの恐怖に直面したり，それらが身近に起きるなどの極度のストレスを経験すると，数か月が経過した後でも苦痛な記憶や思考，感情が呼び起こされたりフラッシュバックしたりすることがあり，それをPTSDといいます。PTSDは自殺の危険性を増大させ，小さい子どもの場合は言語を喪失することもあり，慎重な対応が必要です。

4）摂食障害（Eating Disorders）

神経性無食欲症（いわゆる拒食），神経性過食症などの食行動の異常で，不安障害や強迫症との関連も指摘されています。男女比はおよそ1：10で女性に多く，青年期に始まることが多いとされています。

5）その他

近年では，不登校の原因の1つとして，子どもの精神的な問題も指摘されており，自律神経の乱れによる立ちくらみやめまい，寝起きの悪さ，頭痛や腹痛，倦怠感などに現れる起立性調節障害が注目されています。これらの治療には生活習慣の改善のほか，薬物療法も有効とされています。

⑸ 性に関するニーズ

多様性を認め合う共生社会をつくるためには性も大きな問題となります。近年では，性的指向と性自認に関するマイノリティをLGBTQ＋と総称するよう

になっていますが，特に学校教育においては，「身体の性」と「心の性」が一致せず，自身の身体に違和感をもつ児童生徒について支援ニーズが高まっています。たとえば，制服や体育における水泳授業での着替え，トイレの利用などについて理解が得られず，不登校やいじめの原因になることもあります。学校においては，担任だけでなく管理職や養護教諭，スクールカウンセラーのほか，医師や教育委員会担当者，スクールソーシャルワーカーなど校外の関係者も含めたサポートチームを構成して支援にあたることが求められます（文部科学省，2016）。

2 　「特別支援教育」とは何か

2007年に学校教育法が改正されたことにより，子どもたちの多様なニーズに応じた適切な教育を実施するための特別支援教育制度が開始されました。これにより，従来の特殊教育では対象とされなかった，通常の小・中学校に在籍する知的障害を伴わない発達障害のある子どもを含めて，すべての学校において障害のある子どもへの教育が行われることになりました。

(1) 特別支援学校

従来の盲学校，聾学校，養護学校といった障害の種類に応じた学校は，特別支援学校に一本化されました。学校によって主な対象とする障害を決めている場合もありますが，特別支援学校に在籍する子どもの対象としては，視覚障害，聴覚障害，知的障害，肢体不自由，身体虚弱を含む病弱の5領域が定められています。また，地域の特別支援教育の推進を支援するセンター的機能を有することとなり，小・中学校や幼稚園等において特別な支援を必要とする子どもたちへの教育に関して，学校からの要請に応じて必要な助言や援助を行うことが求められています。

(2) 特別支援学級

通常の小・中学校において特別支援教育を実施するために，通常の学級とは別に特別支援学級が設置されています。文部科学省の調査によると，2019（令和元）年5月現在で特別支援学級を設置している学校は，小学校は1万6460

校で全体の約 83.4%，中学校は 7948 校で全体の約 77.8% になります（文部科学省，2020）。特別支援学級で対象とする障害は，自閉症・情緒障害が最も多く，知的障害と合わせて，全体の約 95% を占めています。その他，肢体不自由，病弱・身体虚弱，弱視，難聴，言語障害を対象とする特別支援学級があります。

(3) 通級による指導

　特別支援学級は「学級」として子どもが在籍するのに対し，通常の学級に在籍しながら必要に応じて特別な支援を受けることを，通級による指導といいます。通級による指導を受けている児童生徒は年々増加しており，2019 年現在は 13 万 4185 人が該当していました。対象とする障害種別は言語障害が最も多く（29.6%），ついで自閉症（19.1%），注意欠陥多動性障害（18.4%），学習障害（16.7%）と，発達障害のある子どもが多く利用しています。また，その時間数は子どもの障害の状態によって定められており，概ね週 1 〜 8 時間が標準です。しかしながら，通級による指導は複数の校区を合わせて開設されており，通級指導教室が設置されている学校は小・中学校全体の約 20% 程度と少なく，保護者の送迎や交通手段の問題で利用できない子どもがいるのも現状です。

(4) 特別支援教育を支える仕組み

　以上のような特別支援教育制度によって多様なニーズに応じた支援が実施されますが，そのためにいくつかの仕組みがあります。特別支援教育はすべての学校において実施されるものであり，通常の学級と特別支援学級を分離するものではありません。特別支援学級に在籍していても，通常の学級で授業を受けたり，特別支援学校に在籍している子どもが地域の学校の子どもたちと共に学んだりすることがあります。それを「交流及び共同学習」といい，弾力的に運用することが求められています。また，そのために授業時間割や担当の教師との打ち合わせを調整することが必要であり，「特別支援教育コーディネーター」という役割を指名しています。特別支援教育コーディネーターは，全校体制で多様なニーズに応えるように，学校内外のさまざまな調整をすることが求められています。

　また，特別支援教育は，あくまでも障害のある子どもの支援ニーズに応える

教育制度であり，障害のない子どもを含めた現在の多様なニーズのある子どもすべてに対応することはできていません。特別支援教育以外の枠組みも活用しながら，限られた人的・物的資源の中で工夫して支援にあたることが重要です。

3　多様なニーズのある子どもの教育相談の進め方

　子どものニーズに多様性があることはこれまでに述べてきたとおりですが，実際には多様なニーズを併せもつ子どもも多くいます。そこで，以下に実際の教育相談の流れについて簡単に紹介します。

　Kくんは公立小学校4年の通常の学級に在籍していましたが，授業中はパーカーのフードをかぶって机に伏して寝ていたり，学校を休んだり遅刻したりすることが多く見られました。学力については，学習習慣が定着しておらず，読み書き計算などの基本的な技能についても遅れが見られました。

　学級担任は養護教諭を通してスクールカウンセラー（SC）に相談し，SCによる授業観察や面談，心理検査等を通した見立てを行いました。その結果，知的機能は平均的でしたが，家庭における経済的な問題や生活習慣の乱れによる睡眠不足，家庭学習時間の欠乏，自己肯定感の低さなどが影響していることが考えられました。

　母親との面談も行い，生活習慣の改善のほかに医療機関の受診も勧めたところ，児童精神科医よりASDの診断を受けました。服薬はありませんでしたが，特別支援学級による少人数の授業環境が適しているという所見もあり，5年時より特別支援学級（自閉症・情緒障害）に入級することとなりました。校内の教務部，学年部，管理職，養護教諭，特別支援教育コーディネーターおよび学級担任，特別支援学級担任による会議の結果，進級するまでの間は教務担当教員と日本語指導担当教員ができるだけ空き教室で個別指導を行い，他の授業時間で参加が難しくなった場合は保健室に来室してよいことなどとしました。

特別支援学級を利用してからは，個別的なかかわりによってKくんが認められることが増え，徐々に自信をもって活動に参加するようになりました。交流及び共同学習として通常の学級で授業を受けることもありますが，以前のように机に伏して寝ることはなく，学習習慣の定着も図られるようになってきました。

演習問題 --

① 発達障害の特徴について，最新の資料を見ながら簡潔にまとめましょう。
② 障害のない子どもにおける「多様なニーズ」について，新聞やニュース記事などを参照しながらまとめましょう。
③ 上でまとめた子どもたちに対する支援として，どのような枠組みを活用していくことができるか，事例を参考にしながら考えてみましょう。

第**14**章 集団不適応への支援と地域における専門家との連携や制度の活用

keyword | 集団不適応，いじめ，不登校，暴力行為，情緒障害

1 集団不適応とは何か

　学校教育においては，人間としての調和の取れた育成を図るという観点から，集団での活動や生活が基本とされます。しかし，子どもたちの中には，周囲の環境（状況）に合わせて自分の行動を調節し，自己を発揮することで集団に適応することが難しいものもいます。そのような「集団不適応」の状態にある子どもたちは，自分の能力を十分に発揮したりそれを他者から認められたりすることが少なく，心理的苦痛や不満を感じ，活動水準の低下や反社会的行動の生起などさまざまな悪影響が生じることがあります。文部科学省（2020a）は生徒指導上の諸課題として，いじめ，不登校，暴力行為などをあげており，生徒指導の点から集団不適応への支援の充実の必要性を示しています。

(1) いじめ

　2013年に施行された「いじめ防止対策推進法」によると，いじめとは「児童等に対して，当該児童等が在籍する学校に在籍している等当該児童等と一定の人的関係にある他の児童等が行う心理的又は物理的な影響を与える行為（インターネットを通じて行われるものを含む。）であって，当該行為の対象となった児童等が心身の苦痛を感じているもの」とされています。すなわち，いじめは言葉や仲間はずれなどの「心理的いじめ」，叩かれたり蹴られたり金品を取られたりする「物理的いじめ」，「インターネットによるいじめ」から構成されるといえます。また，このようにいじめが明確に定義されたことなどを背景にして，学校におけるいじめの認知件数は，2014年の約19万件から2019年の約

54万件へと，法施行後の5年間で約2.9倍増加しています。文部科学省（2018）は，いじめは小・中学生の約9割が関係する身近な問題であることを指摘しており，国，地方公共団体，学校のそれぞれが，地域や学外の専門家も含めていじめの防止等のための対策に計画的に取り組むべきとしています。また，発達障害を含めた障害のある児童生徒，外国につながる児童生徒，性的指向や性自認に係る児童生徒，東日本大震災により被災した児童生徒を例にあげ，特に配慮が必要な児童生徒については，日常的に当該児童生徒の特性をふまえた適切な支援を行うとともに，保護者との連携，周囲の児童生徒に対する必要な指導を組織的に行うものとしています。

　片山（2016）は，いじめる側の心理的機序として，無意識のうちに擬似快感を求め，自分の存在を確認し，自己肯定感を得たいと願う心理状態に起因すると述べています。その上で，夢中になれる活動を充実させ，学級や学校で必要とされていると思えるように子どもに役割を与え，自己肯定感を高め，真の快感を得られるようにすることを方策として提案しています。一方で，学校で起こる多くのいじめは，被害と加害の構図の構築が難しい事例も多いとの指摘もあります（中川，2012）。前述の定義のとおり，本人が「心身の苦痛を感じ」ていれば，その原因となる行為はいじめでありますが，「心身の苦痛」あるいは「つらさ」の感じ方はそれぞれ異なります。また，よかれと思って行った行為が，相手にとっては苦痛を感じることもあり，被害者と加害者が逆転することもあります。いずれにしても，いじめはすべての子どもに起こりうる問題であることを認識し，それぞれの子どもたちに共感的にかかわることが重要です。

　また，いじめだけでなく，集団不適応の背景には，物事の受け取り方が極端であったり非現実的であったりする認知面の問題がある場合もあります。科学的根拠に基づく効果的な心理療法として近年注目されている認知行動療法（CBT）では，このような状態を「認知の歪み」といい，これを行動論的なアプローチによって修正していくことで物事とうまく向き合い，感情をコントロールするスキルの獲得をめざしています。松浦（2018）によると，偏った認知や適応的でない行動をすべて共感的に受けとめるのではなく，認知の歪みに注

目し，どう感情を調整すればよいのか，どう行動すればよいのかを積極的に教示するという点で，CBT は最も教育的な介入であるといえます。

(2) 不登校

　文部科学省が毎年実施している「児童生徒の問題行動・不登校等生徒指導上の諸課題に関する調査」によると，年間に 30 日以上欠席した児童生徒のうち，病気や経済的理由を除いて，何らかの心理的，情緒的，身体的，あるいは社会的要因・背景により，児童生徒が登校しない，あるいはしたくともできない状況にあるものを不登校と定義しています。2019 年度の小・中学校における不登校児童生徒数は約 18 万人（全体の 1.88%）で，2009 年度の約 12 万人（1.15%）に比べて約 6 万人（0.73 ポイント）増加しています。不登校に関連する要因はさまざまであると考えられていますが，児島（2016）は①起立性調節障害，頭痛，過敏性腸症候群などの身体面の影響，②発達障害の影響，③うつや不安障害，強迫性障害などの精神面の影響，④昼夜逆転やゲームやネットなどの生活習慣の影響，⑤親子やきょうだい関係などの家庭環境の影響，⑥いじめや友人関係，担任との関係性など学校環境の影響，のそれぞれから多軸的に評価し，多職種，多機関で連携して対応することの必要性を指摘しています。

　不登校の児童生徒に対する支援として，2016 年に「義務教育の段階における普通教育に相当する教育の機会の確保等に関する法律（教育機会確保法）」が施行され，2019 年には文部科学省より「不登校児童生徒への支援の在り方について」の通知が発出されました。それによると，支援の視点として学校に登校することのみを目標にするのではなく，児童生徒が自らの進路を主体的にとらえて社会的に自立することをめざす必要があること，そのために教育支援センターやフリースクール，ICT を活用した学習支援など，多様な学びの場を保証し，家庭と学校，関係機関が連携して支援にあたることなどが明示されています。

(3) 暴力行為

　文部科学省（2020b）によると，2019 年度の小・中学校および高等学校における暴力行為の発生件数は，7 万 8787 件であり，2009 年度の 6 万 915 件に比

べて約2万件弱増加しています。特に，中学校では4万3715件から2万8518件へと約1万5000件減少しているのに対し，小学校において7115件から4万3614件へと3万件以上増加しています。これは，1000人あたりの発生件数に換算すると，2009年度の1.0件から6.8件へと，10年間で6.8倍の増加になります。このような問題の背景には，人間関係の希薄化や家庭の養育能力の低下，ゲームやインターネットなどによる暴力場面や仮想現実場面への暴露，規範意識の低下などさまざまな因子が関連しているといわれていますが，実際のところはよくわかっていません。

　学校における暴力行為の中には，その程度によって学校による教育的対応では難しいものもあり，そのような場合は警察や司法機関との連携が必要になります。前述の調査では，暴力行為の加害者となった児童3万4518人のうち，関係機関に措置された児童は269人（0.8%）でした（文部科学省，2020b）。司法の領域では，児童生徒の暴力行為等に対して，少年非行として対応します。少年法において，少年とは20歳に満たないものを意味し，14歳以上で罪を犯した場合は「犯罪少年」，14歳未満で罪を犯した場合は「触法少年」，その行為自体は刑罰法令に触れないが，将来罪を犯したり法に触れる行為をしたりするおそれがあると認められた場合は「ぐ犯少年」と区別されます。こうした非行少年に対する処遇は，犯した行為の内容や状況に合わせて起訴され，刑事罰の対象となることもありますが，将来更正する可能性が高いことから，刑罰を科すのではなく，少年院送致や保護観察処分となることが一般的です。先述の調査で関係機関に措置された児童269人のうち，「警察の補導」が109人で最も多く，「児童相談所」が146人，「児童自立支援施設への入所」が13人，「家庭裁判所の保護的措置」は1人でした。このように，児童の暴力行為において刑罰法令の対象となるような重大な案件は極めてまれですが，中学1年生において加害児童生徒数が最も多いというデータもあり，思春期の不安定な時期を専門機関が連携することによって丁寧に支援していくことが重要だと考えられます。

2 　地域における専門家との連携

(1)　教育領域

　集団不適応の児童生徒への支援について，学級担任や教科担任が個別に対応するのではなく，学校内外の専門家が協働して計画的にアプローチすることが求められます。たとえば，スクールカウンセラー（SC）は教師以外の学校場面における専門職として，心理学の観点からの支援に活用できます。SC は，それぞれ専門とする技法が異なることもありますが，ソーシャルスキルトレーニング（SST）や認知行動療法（CBT），アンガーマネジメントなど，児童生徒に直接個別支援を行うことや，教師や保護者に対するコンサルテーションが期待できます。また，スクールソーシャルワーカー（SSW）の整備も進んでおり，2020 年度には全中学校区に配置されることとなっています。SSW には，社会福祉の専門的な知識・技能を用いて，児童生徒の置かれたさまざまな環境の調整や支援リソースについての情報提供，支援ネットワークの構築などが期待されています。

　学校外での支援機関としては，主として不登校児童生徒の指導や支援を行う「教育支援センター（適応指導教室）」があります。これは主に市区町村の教育委員会が設置・運営していますが，教師のほかに心理士やボランティアも配置され，学校への出席と同等と見なされます。また，民間のフリースクールなども一定の条件を満たせば出席扱いとなることもあり，多様な学びの場が選べるようになってきました。さらに，地域の特別支援学校が特別支援教育のセンター的機能を有していますので，相談支援を活用することもできます。特別支援教育については，第 13 章を参照してください。

(2)　医療・保健領域

　集団不適応の背景に，発達障害や精神疾患などの医学的所見が見られることもあります。養護教諭や学校医を窓口として，必要に応じて専門の医療機関を受診することも支援に活用できるでしょう。医学的診断や治療の方法はさまざまですが，心理療法や薬物療法によって症状が緩和することも期待できます。

また，児童生徒によってはすでに服薬している場合もあり，服薬の効果や副作用の影響が学校生活に表れていることもあります。学校が医療機関と直接情報共有することは難しいですが，保護者を含めて連携を図ることが重要です。

　また，就学前や高校卒業後など，学校教育の領域外では，保健領域が支援の中核を担うことがあります。都道府県や指定都市などの保健所，市区町村の保健センターは，保健師を中心にすべての地域住民を対象に健康保持・増進に向けた取り組みを支援しています。

(3)　福祉領域

　各都道府県および中核市以上の指定都市には，児童相談所が設置され，市町村と連携しながら子どもに関するさまざまな相談に応じ，助言を行い，必要に応じて子どもを一時的に保護し，支援機関に措置する業務を行っています。子どもの虐待や非行に関する問題のほか，いじめや障害についてなど，児童福祉司，児童心理司，医師などの専門職が子どもの状況を総合的に評価し，援助を実施しますので，学校も連携して教育的支援に活用していくことが求められます。集団不適応の背景には家庭の問題が潜在的にある場合もあり，ネグレクトを含む虐待の早期発見や養育環境の改善が必要になります。保護者に対する面談や家庭訪問では困難な場合，児童相談所や保健センター，市区町村の子育て支援課や児童福祉課などと連携することが重要です。場合によっては，地域の民生委員や児童委員の援助も受けながら，家庭の状況を的確に把握することが必要です。

　子どもや家庭の状況によって，家庭で養育することが難しいと判断された場合は，児童養護施設（2歳未満の場合は乳児院）において養護することがあります。児童養護施設は家庭に代わる生活の場であり，基本的生活習慣を身につける指導も行われます。基本的に施設の所在する学区の学校に通うことになりますが，子どもによってその状況や特性はさまざまです。一人ひとりと丁寧にかかわっていくことが求められます。

　また，軽度の情緒障害のある児童を短期間入所あるいは通所させ，心理的・精神的問題について集中的な治療を行う施設として，児童心理治療施設があり

ます。元来は不登校や非行の子どもの情緒発達のための環境整備やメンタルケアを目的として「情緒障害児短期治療施設（情短）」として設置されたものでしたが，近年では被虐待児や自閉スペクトラム症などの発達障害のある子どもが増えています。児童心理治療施設には，小学校や中学校の分校や分教室が併設されていたり，特別支援学校との連携のもとで学校教育が行われたりしています。施設を利用している子どもの入所の経緯を含めて，認知特性を含めた心理面のアセスメント，生育歴などの生態学的アセスメントを丁寧に行うことが必要であり，施設だけでなく，市区町村や児童相談所，学校との連携が極めて重要です。たとえば山梨県では，児童相談所，発達障害者支援センター，特別支援学校（病弱）を同じ敷地内に隣接させた児童心理治療施設が2020年に開設しました。このような取り組みによって各施設が有機的に連携し，専門性を発揮しながら支援の有効性や効率性を高めていくことが期待されています。

3 集団不適応への教育相談の進め方

　集団不適応の具体例として，粗暴行為を主訴としていた児童を想定し，実際の教育相談の進め方について見ていきましょう。

　Lくんは小学校5年生の4月に転校してきました。幼少期に両親が離婚し，父親の実家で父と祖母との三人暮らしでしたが，祖母が亡くなったことにより生活が一変し，父親の転職に伴い転居してきました。前籍校では粗暴行為が徐々に増加し，4年生時より特別支援学級（自閉症・情緒障害）に入級していましたが，ほとんど授業には参加せず，校内を徘徊したり職員室や保健室で休んだりして過ごしていました。転校後も特別支援学級（自閉症・情緒障害）に入級し，4月当初は粗暴行為が見られませんでしたが，5月頃から掲示物を破ったり他児童に対して叩いたりすることが見られるようになりました。月に2回程度，スクールカウンセラーが来校すると，相談室に来て30分程度ゲームをしたり話をしたりして過ごしました。知能検査等は実施しませんでしたが，行動観察の様子から，知的機能には問

題なく，ASD や ADHD など発達障害の所見も見られず，学力についても学年相応の範囲でした。

　5年生の2学期頃から，遅刻が多くなり，学校も休みがちになってきました。登校しても眠そうにしていることも多く，授業中に居眠りをしたり，粗暴行為が徐々に増えたりしてきました。

　学校では，担任のほか養護教諭や管理職が丁寧にかかわり，スクールカウンセラーも傾聴していく中で，Lくんは家庭で1人で過ごしていることが多いこと，父親は夜勤が多く，食事も含めて，渡された金額の中で自分でやりくりしていること，深夜までゲームをしていて睡眠時間が短いことなどがわかりました。学校から保護者に対して事情を聞いたり助言をしたりしましたが，父親は経済的な理由と仕事の都合をあげて改善に取り組む様子が見られませんでした。学校はネグレクトを疑い，市の教育委員会および児童福祉課に連絡しました。保健師や社会福祉士が家庭訪問を行いましたが，父親の態度や生活に変化はなく，定期的に訪問して観察を継続することとなりました。地域の民生委員や児童委員にも見回りを依頼し，それぞれが連携して情報共有していくことを確認しました。

　5年生の冬休み頃，Lくんは深夜にコンビニへ買い物に出かけたところ，警察に補導されました。その後は保健師等による訪問も頻繁に行われるようになりました。学校も連携して家庭訪問や保護者への電話連絡などを繰り返し，父親に丁寧に向き合っていったところ，父親の態度はしだいに軟化していきました。そして，Lくんの生活については児童養護施設への入所を見据えて一時保護を利用すること，経済的な問題について生活保護の受給を検討し，市の担当者と継続して相談していくこととなりました。

　この事例は，ひとり親世帯において虐待（ネグレクト）が疑われたケースです。児童相談所の職権による一時保護の措置は取られませんでしたが，学校，保健師や社会福祉士等の行政，児童委員等の地域が連携して当事者に丁寧にかかわることにより，父親からの自発的な困難感の表出や支援につながったといえま

す。教育相談は学校だけでなく，当事者を中心として周囲の関係者が連携することが重要です。

演習問題

① 　学校や自分の住んでいる地域の関係機関について，調べて書き出してみましょう。児童相談所や保健所，教育支援センターはどこにありますか。
② 　それぞれの関係機関が行う業務について，調べてまとめてみましょう。
③ 　都市部と地方部で，支援ができる資源に差があるでしょうか。東京や大阪などの大都市と，地方の市町村のそれぞれについて，都道府県や市町村の機関のほか，民間機関やNPOなどについて調べてみましょう。

第15章 家族への支援と地域における専門家との連携や制度の活用

keyword ┃ 児童福祉法，児童虐待防止法，児童虐待，子どもの貧困，
　　　　　関係機関との連携

1　多機関の連携や制度の活用のために必要なこと

　現在我が国では，少子高齢化が進み，離婚率は増加し，子どもの貧困率は高い水準にあり，児童相談所の児童虐待相談対応件数は増加の一途をたどるなど，子どもと家族をめぐるさまざまな課題があります。この章では，子どもが置かれている困難な状況でも，特に①子ども虐待，②子どもの貧困，③外国につながる子ども，について紹介します。次に，機関連携の必要性と連携のポイントについて考えていきましょう。

⑴　子どもが置かれている状況

1）　子ども虐待の問題の現状

　現在児童相談所の児童虐待相談対応件数は増加しており，令和元（2020）年度は19万3780件（速報値），平成11年度に比べて約16.7倍となっています。その中で，心理的虐待の割合が最も多く（56.3%），次いで身体的虐待が25.4%，ネグレクトが17.2%，性的虐待が1.1%となっています（厚生労働省，2020）。ただし，家庭という密室で行われる虐待は第三者には発見しにくい上，保護者が虐待であるという自覚がなかったり，隠そうとしたりするケースがあるため，より多くの虐待が潜在的にはあると考えられます。特に性的虐待については，その性質上，より多くの潜在的な数があると考えられます。

2）　子どもの貧困

　我が国で平均的な所得の半分を下回る世帯で暮らす子ども（18歳未満）の割合（子どもの貧困率）は，2012年に過去最悪の16.3%となり，その後改善して

いるものの，2018年で13.5%，つまり7人に1人の子どもが貧困の状態に置かれています（厚生労働省，2019）。貧困は子どもにさまざまな影響を及ぼします。たとえば，阿部（2012）は，相対的貧困にあることで子どもが子どもの社会から排除されるリスクが高くなることを指摘しています。さらに，親が相対的貧困状態にあることによって，親のストレスが高くなり精神状態が悪化し親が子どもと過ごす時間が少なくなり，子どもが影響を受けることを指摘しています。

　ひとり親世帯はふたり親世帯に比べ，貧困リスクは高く，ひとり親世帯の親の大半は就労しているものの非正規雇用の割合が高く低収入であるために副業の割合が高くなります（嵯峨，2019）。そして，親に余裕がなくなることは，子どもの学習の理解度や進路，学校教育以外での社会的経験にも影響が出ます。

3）　外国につながる子ども

　近年増加している日本に住む在留外国人の家庭の子どもも多くの困難を抱えている場合があります。山野ら（2019）の調査によると，外国につながる保護者の場合，相対的貧困率は35.1%（日本人は14.3%）と高い割合を示しており，就労の問題や，児童扶養手当などの我が国の制度を活用できない，相談相手が少ないなど，貧困に陥りやすい状況に置かれていると考えられています。外国につながる子どもの中には，学習の基礎となる言語能力や生活体験などの不足から，発達段階をクリアできておらず，学習能力にも課題が生じている可能性も指摘されています（山下・酒井，2019）。さらに，外国人の保護者は，子どもを日本の学校に通わせる義務がないため，日本にいながら義務教育を受けていない子どもも存在しています。

⑵　子どもを支援するための機関としての児童福祉施設や学校

　児童福祉施設や学校は，子どもを安全に保育したり，教育したりする機関としての役割だけではなく，子どもの様子を直接観察できる立場としての役割も期待されています。

　支援が必要な家庭に関して，児童福祉施設や学校（幼稚園を含む）は通告の努力義務があります（児童福祉法第21条）。

　児童福祉法第6条の3第5項に規定する要支援児童等（支援を要する妊婦，児

童及びその保護者）と思われる者を把握した病院，診療所，児童福祉施設，学校その他児童又は妊産婦の医療，福祉または教育に関連する職務に従事する者は，その旨を市町村に情報提供するよう努めることとされています（児童福祉法第21条の10の5第1項）。

さらに，児童虐待防止法において，連携を強化すべき関係機関として学校もその1つにあげられ（第4条第1項），児童虐待の早期発見に努めなければならない団体に教育委員会が含まれています（第5条第3項）。

また，子どもの貧困の問題についても，園や学校という場が機能することが期待されています。子どもの貧困問題について，我が国は「子供の貧困対策に関する大綱」（2014年策定，2019年改定）として子どもの貧困対策を総合的に策定し，実施しています。教育に関する支援としては，①幼児教育・保育の無償化の推進及び質の向上を図ること，②すべての子どもが集う場である学校を貧困の連鎖を断ちきるための地域に開かれたプラットホームと位置づけ，学校に通うすべての子どもの学力が保証されるよう，少人数指導や習熟度別指導，補習等のための指導体制の充実等を通じた学校教育による学力保障を進めること，③スクールソーシャルワーカーの配置の拡充など教育相談体制の充実，④高等学校等における修学継続や大学等進学に対する教育機会の提供，⑤教育費負担の軽減，⑥地域における子どもの学習や居場所の支援，などを進めています。なお，我が国には戸籍がない子どもや，保護者が就学手続きをしなかったために学校に通えない子ども，学校教育につながっていない外国人の子どもが存在することも忘れてはなりません。

(3)　連携するために大切な視点

こうした複雑な状況の中で，子どもたちが権利を守られ，生きていけるよう支援していくためにはどうすればよいのでしょうか。

たとえば，家庭での虐待を疑われる子どもの早期発見と通告について，子どもの様子を直接観察できる学校現場が，「子どもが困っている」という視点をもつことが大切です。不適切な環境の中で育った子どもは，学校での適応に困難さが見られることもあります。そのときに，最も子どものそばにいる支援者

である学級担任は，「困った子ども」ととらえるのではなく，「困っている子ども」ととらえ，子どもの置かれている状況を理解しようとしつづけることによって，子どもにとって不適切な状況を発見することにつながる場合があります。しかし，子どもが家庭で虐待を受けているのではないかと学校がとらえた時点で，学校と保護者が対立関係になることは珍しくありません。その際に，子どもの権利と安全を守るという視点がぶれないことが重要です。そのためには，学校だけで状況を解決しようとするのは危険です。市区町村，児童相談所，警察等の機関と子どもの置かれている情報を共有し，それぞれの機関がそれぞれの役割をもって対応することで，子どもとその家庭を適切に支援することができます。市区町村は生活に関係した制度の情報を提供することや，家庭の状況を把握しやすい立場にあります。児童相談所は，状況によっては子どもを保護者のもとから保護することができます。警察は危険な状況から，子どもや保護者，通告にかかわった人々を守ります。また，通告にかかわった学校・福祉施設等の職員が特定されないようにすることも必要です。さらに，関係機関と連携して対応する前後で，それぞれの機関がどのように対応したのかということを共有し，支援の網に穴をあけないことも大切なことです。

　このように，機関を超えて子どもや家庭を支援していくときの前提として，守秘義務を守りながら必要な連携をすることが重要です。児童福祉法第25条では，保護が必要な児童や特定妊婦等に関する支援のための情報交換や支援内容の協議を行うために，地方公共団体が要保護児童対策地域協議会を設置することを努力義務としています。

2　連携を必要とする事例の支援の進め方

(1)　学校内・外での連携

　子どもにとって不適切な養育の中で育つと，子どもが発達障害と同じような状態像に見えることがあります（杉山，2007）。しかし，子どもの周りの環境を整えると，子どもの状態が落ち着いていくことがあります。子どもを支えるために，多くの機関がそれぞれの機能を生かして連携することが必要である状況

で，学校現場は子どものサインを受け取り，子どもの可能性を広げる場所として機能することができます。

1) Mくんの事例①

小学3年生のMくんは授業中落ち着きがなく，授業にもまったくついていけません。乱暴で友人もいません。担任がMくんに話を聴いてみようとしても，「大丈夫」としか言いません。担任が保護者に相談すると，保護者は成績不振をとても気にしている様子でした。担任は保護者に，Mくんを理解する1つの方法として，学校外での教育相談センターの利用を勧めました。Mくんにも「Mくんがもっと輝けるように，Mくんのことを担任がわかりたい」と話し，Mくんも教育相談で知能検査を受けることに同意しました。

Mくんの落ち着きのなさ，乱暴さに担任は困っていました。しかし，Mくんを「困った子」ととらえませんでした。担任は，「口では大丈夫とは言っているが，実はMくん自身も困っている」ととらえ，Mくんはどう困っているのか，なぜ困っているのか，ということを担任は考えつづけました。そして，学校で問題児のMくんを何とかしてほしい，と責任を保護者に押しつけるのではなく，保護者をMくんの困っていることを理解するための協力者ととらえています。

2) Mくんの事例②

教育相談センターでMくんは知能検査を受けました。結果は，やや不注意傾向はあるものの，知能に大きな問題は見られませんでした。しかし，学校から，集団の中で些細な音に反応して急に興奮して大きな声を出したり，きょろきょろと落ち着きがなくなってしまったりする様子があり，成績も不振であると事前に情報があったため，センターは学校内で情緒面をサポートする通級指導教室を利用することを勧めました。この結果を受け

て，担任と特別支援コーディネーターが相談し，学校として保護者の了解を得て，Mくんは通級指導教室を利用することになりました。

　関係機関の協力とMくんの協力を得て，知能検査ではMくん自身の力に偏りがないことがわかりました。そこで，教育相談センターは，「知的能力に問題はない」と検査結果を伝えるだけではなく，学校での様子や担任の話もふまえ，Mくんの情緒面の課題について，学校がMくんをサポートできる提案をしました。

　この事例では，担任は保護者，教育相談センター，特別支援教育コーディネーターなどさまざまな人々と連携し，Mくんを理解しようと努めました。担任として，問題行動のある子どもについて，子ども自身を「困った子」であるととらえてしまうと，担任が1人でMくんを何とかしようという気持ちが生まれやすくなります。そして，担任の力だけではうまくいかないと，問題を子どもや家庭に押しつけようとする気持ちが働いてしまうことがあります。担任が困るような行動をする子どもを「実は子ども自身も困っている」ととらえ，子どもの困難感を理解するために，担任自身が周囲からさまざまな視点と支援を得ることが必要です。

(2)　**多機関が連携して支える**

　困難な状況にある家庭について，さまざまな機関が連携して支援した事例を見ていきましょう。

　1)　**Nちゃんの事例①**

　Nちゃんは母子家庭，母が非正規雇用で働いて，子ども2人を保育所を利用しながら育てています。母の休みは日曜日だけです。ある日，上の子ども（Nちゃん，3歳）の前歯が虫歯のようだと保育園から母に相談がありました。母が歯科に連れていくと，虫歯がたくさんあり，継続的な治療が必要だと言われました。母は日曜日に通院できる歯科を探しましたが，家から遠く，2人の子どもを連れて歯医者に通うことは母にとって大きな負

担でした。母は乳歯だから，生え変わるので問題ないだろうと判断し，歯科に連れていくのをやめてしまいました。しばらくして保育士がNちゃんの虫歯が進行していることを確認しました。

保育所として，園内で子どもの育ちを支えるとともに，家庭において子どものケアが行き届いているかという視点は大切です。子どもの虫歯が多いというのは，家庭でのケアが行き届いていないというSOSのサインの1つです。保育所はまず母に報告し，報告した後もNちゃんの虫歯の様子を観察しています。相談した後も，継続してかかわりつづけることで，次の状況に発展していきます。

2）　Nちゃんの事例②

保育所として母に歯科通院の状況を確認すると，母はかなり疲れている様子で，日曜日の通院が難しいと話しました。保育所から，平日に下の子どもは延長保育で預かるので，Nちゃんを歯医者に連れていってはどうかと提案したところ，母はそれならできると言い，Nちゃんは無事治療を受けることができました。

子どもにとって適切ではない状況になっていることがわかったときに，保護者に状況を聴き，子育ての協力者として保育所ができることを保護者に提案することによって，保護者が支えられ，子どもの保護者としての役割としての機能を回復することがあります。支援のポイントは，決して保護者を悪者にしないことです。

3）　Nちゃんの事例③

子どもたちを送迎するときに，母が最近とても疲れた様子で，子どもたちに力で無理やり言うことを聞かせようとする様子が頻繁に見られること，子どもの虫歯を放置しようとしたこと，子どもたちは不衛生で，疲れやす

く，発達にやや遅れが見られることから，保育所は並行して市役所に状況
を報告しました。保育所からの連絡を受けて保健師が母の帰宅している夜
間に家庭訪問をして，状況を確認しました。

　子どもの安全と健康に育つ権利が守られているか，という視点から見て，総
合的に考えて心配な点があったため，保育所は市役所に情報提供をしています。
虫歯という1つの問題は，Nちゃんの家族が置かれているきつい状況の氷山の
一角です。問題の1つが解決しても，保護者の様子や変化，子どもへのかかわ
り方，子どもたちの発達の様子などから，子どもの置かれている状況を生物心
理社会モデルを参考に，多面的に検討することが重要です。そのためには，保
育所という1つの機関だけではなく，家庭の状況をとらえることができる他機
関と連携する必要があります。

　4）　Nちゃんの事例④

　保健師が家庭を訪問すると，家の中は物であふれかえっていました。調
理をしている様子はなく，カップラーメンや菓子パンのストックがたく
さん置いてありました。母から，疲れすぎているのと，さまざまな心配が頭
に浮かんできて，夜眠れなくなっているという話も出てきました。保健師
の報告から，市のケースワーカーが家庭訪問をして，母に生活保護を受け
ながら働くという手段を提案しました。保健師は定期的に家庭訪問をし，
母に夜眠れるようにと地域の精神科受診を勧めました。母は生活保護を受
けながら時間を短縮して働く職場に転職しました。そして精神科にも継続
して通院するようになりました。保育所は，母に送迎のときに声をかける
ようにし，子どもの成長を伝えつづけました。その後，市が中心となって
開いた要保護児童対策地域協議会において，Nちゃんの家庭の支援につい
て，かかわっている機関で情報を共有し，支援を継続していきました。

　保育所は，子どもの支援と同時に母親の様子を観察し，母親に具体的なサポ

ートを提供しました。そして，家庭の様子を市区町村と共有し，保健師，生活保護ワーカー，精神科等，さまざまな機関がネットワークを組み，かかわりました。

　結果として，保護者が支えられ，子どもの安全も守られることになりました。保護者が社会的な資源を活用できるよう，心理的にも支援していくことも重要です。

演習問題 --
① 　関係機関との連携において重要な点をまとめましょう。
② 　新聞やニュースの子ども虐待の死亡事例から，どのような機関がどのように支援し，関係機関が連携できればよかったのか，考えてみましょう。
③ 　子どもの貧困と子どもの社会的なつながりとの関連について，調査や観察を行い，その結果を考察してみましょう。

文献案内

* 各章の執筆者から，さらに学びを進めたいという方のための文献を紹介します。
* 読者が入手しやすいように，できる限り書店等で購入が可能であり，比較的近年刊行されたものに限定しました。
* 巻末の「引用・参考文献」も併せて参照してください。

第 **1** 章 ● 保育における教育相談の意義

【保幼小の接続期支援の基礎的理論・知識を学びたい方へ】

『幼児理解に基づいた評価（平成 31 年 3 月）』

　　　　　　　　　　　　　　　　　文部科学省（2019）チャイルド本社

※インターネットでのダウンロードも可能

　https://www.mext.go.jp/a_menu/shotou/youchien/07121724/__icsFiles/
　afieldfile/2019/05/15/1296261_1.pdf〔2021 年 2 月 22 日確認〕

　教育・保育の実践と保育の基本的考え方，幼児理解と評価の考え方について，丁寧に解説されています。就学前と小学校以上の評価の考え方についても，比較対照しながら丁寧に述べられています。保幼小の接続期の支援に携わる上で，互いの共通理解のためにとても役立ちます。

【保護者との信頼関係，養育力支援のスキルを学びたい方へ】

『演習・保育と子育て支援』　　　小原敏郎，橋本好市，三浦主博編（2019）みらい

　教育相談では，子ども理解を保護者と共有しつつ，保護者の養育力を培っていくことも重要です。保護者の思いに気づき，今できているところを見つけて増やす保護者のエンパワーメントの具体的な方法をワークをしながら学ぶことができます。保護者の状況や思いを理解しながら，保護者の立場と教育・保育者の立場を互いに尊重し，信頼関係を構築し協働する力を身につけます。

【学習を深めたい方へ】

『心理劇入門：理論と実践から学ぶ』

日本心理劇学会監修，土屋明美，茨木博子，吉川晴美編著（2020）
慶應義塾大学出版会

　心理劇（ロールプレイング）を活用して，保護者，子ども，教師・保育者役として，実際に即興劇の中でさまざまな事例場面を体験し，解決方法をいくとおりも検討したり，現場で対応するための実践力を身につけたりすることができます。心理劇を活用した保育・教育者養成の方法，また，実際の相談場面での子どもとのプレイセラピー，親相談（親カウンセリング）の場面での活用事例も紹介されています。

第2章 ● 学校における教育相談の意義

【基礎的理論・知識を学びたい方へ】

『学校で役立つ教育相談』　　　　　　　谷口篤，丸山真名美編著（2019）八千代出版

　本書では，「教育相談は教育の原点に迫るための基本姿勢として大切」であることを指摘しています。カウンセラーが行う非日常的な相談とは異なり，日常的な関係基盤に基づいて行われる教師が行う教育相談の利点を生かした児童生徒や保護者との教育相談の方法，さらには教師のメンタルヘルスと対策にも言及しています。後半は，不登校やいじめなどの背景が丁寧に解説され，具体的な事例を通して学びを深めることができます。

【実践的な内容を学びたい方へ】

『学校心理学にもとづく教育相談：チーム学校の実践を目指して』

山口豊一，松嵜くみ子（2018）金子書房

　学校における教育相談は現在，担任や教育相談を担当する教師だけが行うのではなく，スクールカウンセラー等の専門家も含むチームによる援助体制が求められています。本書は，チーム学校の援助体制を進めるために必要な体制づくり，チームによる援助方法などについてわかりやすく説明されています。ま

た，後半には，不登校，スマホ依存，発達障害など現代的な課題についてのチーム学校による援助事例があり，チームによる援助の実際を知ることができます。

【学習を深めたい方へ】

『子どもを育む学校臨床力』　　角田豊，片山紀子，小松貴弘編著（2016）創元社

　本書の「学校臨床力」とは，「感性に基づく教師の実践力」のことを指しています。著者らは，子どもたちの集まりが集団になっていくためには，集まりの中で生じるつまずきや思いのズレなどを教師が丁寧に拾い上げ，その問題について教師と子ども，あるいは子ども同士の間で試行錯誤しながら向き合っていくことを積み重ねることが大切であると指摘しています。本書を通して，「学校臨床力」の視点から教育相談や生徒指導をとらえ直すことができます。

第3章 ● アセスメントに関する基礎的理解

【基礎的理論・知識を学びたい方へ】

『図解　よくわかる発達障害の子どもたち：発達障害を考える・心をつなぐ』

榊原洋一（2011）ナツメ社

　本書は，イラストを用いてわかりやすく解説されています。よく保護者が読まれていますので，一度は読んでおきたい本です。同じシリーズに『図解　よくわかるADHD』『図解　よくわかる自閉症』『図解　よくわかるLD』等があります。

『よくわかる臨床心理学　改訂新版』　　下山晴彦編（2009）ミネルヴァ書房

　アセスメントの章が，「異常心理学」「ライフサイクルと心理的問題」「発達過程で生じる障害や問題」の項目ごとに解説され，相談場面で出会う多くのケースに対応できる内容となっています。多職種協働やケース・フォーミュレーションについての理解も深めることができ，きめ細かいアセスメントと支援が可能になるでしょう。学校生活場面でのアセスメントと子どもの援助資源を発見し整理する方法や，「生物心理社会モデル」については，『石隈・田村式援助

シートによるチーム援助入門』（第8章の「文献案内」）が大変参考になります。
　【学習を深めたい方へ】
『特別支援教育実践テキスト　第3版』

認定特定非営利活動法人エッジ著　藤堂栄子監修（2018）
ナレッジオンデマンド

　本書は，教科書を読んだり，黒板を写したりといった，ふだん教室で行われる作業について，私たちの体の中でどのように処理されているかがくわしく書かれています。当事者への理解を促進するための「擬似体験」の章があり，気になる子どもの困難感を体験することで理解が深まり，支援方法のアイディアも生まれやすくなります。

第4章 ● 保幼小連携の接続期支援と子どもの理解

　【基礎的理論・知識を学びたい方へ】
『乳幼児精神発達診断法：3才〜7才まで』

津守真，磯部景子（1988）大日本図書

　本書は，精神発達質問紙実施の手引きを兼ねていますが，月齢に応じた乳幼児の精神発達の過程を段階的に解説しています。「運動」「探索」「社会」「生活習慣」「言語」に分類されていて，子どもの発達の状況把握に役立ちます。『乳幼児精神発達診断法：0才〜3才まで』も出版されています。

　【実践的な内容を学びたい方へ】
『イラスト図解　発達障害の子どもの心と行動がわかる本』

田中康雄監修（2014）西東社

　本書は，イラスト図解で非常に見やすい構成になっています。子どもの気になるサインの章は，気になる行動のみならず，その行動の背景について考え，取るべき手立てにつなげる構成になっています。家庭での支援方法や保育所・幼稚園・小学校での支援のアイディアについても豊富に記載されています。

【学習を深めたい方へ】

『発達がわかれば子どもが見える：0歳から就学までの目からウロコの保育実践＋（プラス）』　　田中真介監修　乳幼児保育研究会編著（2020）ぎょうせい

　本書は，0歳から就学までの子どもについて，月齢ごとに「全身発達」「育児における関わり方と配慮」「あそびの援助」の構成で書かれています。目の前の子どもの発達の状況，その月齢で必要な配慮を知ることで，適切な支援に結びつけることができます。

第5章 ● 小・中・高の接続期支援と子どもの理解

【小学校における児童理解を学びたい方へ】

『アドラー心理学で変わる学級経営：勇気づけのクラスづくり』

赤坂真二（2019）明治図書出版

　タイトルに「学級経営」と示されていますが，小学校の学級に在籍しているさまざまな児童をどう理解したらよいか，個に応じた対応をどのようにしたらよいか，学級全体に対しどのような指導をしたらよいかなど，児童理解にかかわる内容がわかりやすくまとめられています。また，アドラー心理学の「行動の原因ではなく目的を考える」という考え方に立って，具体的な事例が豊富に紹介されており，実践に役立つ内容となっています。

【データをもとにした実践的な内容を学びたい方へ】

『生徒指導上の諸問題の推移とこれからの生徒指導：データに見る生徒指導の課題と展望』　　国立教育政策研究所生徒指導研究センター（2009）ぎょうせい

　児童生徒の実態について理解し，これからの生徒指導の在り方を考える基礎資料として役立たせることができます。「データに見る生徒指導の課題と展望」と副題がついているように，データをもとにしながら，生徒指導上の課題について考えを深めることができる構成になっています。日常的な生徒指導の諸問題から，不登校，いじめ，暴力行為，薬物乱用等，項目別に解説されており，解決に向けての糸口をわかりやすくまとめています。

【小・中・高の生徒指導全体の学習を深めたい方へ】

『生徒指導提要』 文部科学省（2010）教育図書

　文部科学省の指導の下，「生徒指導提要の作成に関する協力者会議」によってまとめられた，生徒指導に関する学校・教職員向けの基本書です。小学校段階から高等学校段階までの生徒指導の理論・考え方や，実際の指導方法等について，時代の変化に即して網羅的にまとめられています。

第6章 ● カウンセリングの基礎理論

【基礎的理論・知識を学びたい方へ】

『河合隼雄のカウンセリング入門：実技指導をとおして』

河合隼雄（1998）創元社

　本書は，著者がカウンセリング初心者に向けて行った「カウンセリング講座」で語られた内容になっています。講座内で行ったロールプレイの内容とそれに対する質疑応答，著者の講話は，理論では習得できないカウンセリングの本質を体感することができるでしょう。

【実践的な内容を学びたい方へ】

『スクールカウンセリングモデル100例：読み取る。支える。現場の工夫。』

かしまえりこ，神田橋條治（2006）創元社

　本書は，かしまえりこが実際にカウンセリングを行った事例の経過や解説を記述し，それに対し神田橋條治がコメントを行う構成になっています。本書のよいところは，100例の中から，直面している事例に近いものを参照できることです。カウンセラーと子ども・保護者のやりとりが細かく書かれているため，実践に非常に役立ちます。

【学習を深めたい方へ】

『教育相談入門：心理援助の定点』 高野久美子（2012）日本評論社

　本書は，地域の教育相談室の視点で書かれています。学校とのやりとりの様子が丁寧に書かれていて，問題の発生から解決に向けた一連の流れの理解が深

まります。問題解決に向かう子どもの変化や保護者の気持ちの揺れについての記述もあり、カウンセリングがどうあるべきかを認識できる1冊です。

第7章 ● 相談のプロセス

【基礎的理論・知識を学びたい方へ】

『図解　相手の気持ちをきちんと〈聞く〉技術：会話が続く、上手なコミュニケーションができる！』
　　　　　　　　　　　　　　　　　　　　　平木典子（2013）PHP研究所

　相談援助の基本は、まず相手の話を聞くことです。しかし、相手を理解できるような聞き方をするというのは実は難しいものです。「聞く」とはどういうことなのか、その意味や、相手の気持ちを理解する聞き方、「聞く」ことを通したコミュニケーションについて、本書は図を用いながら平易な言葉で、具体的にわかりやすく示してくれています。

【実践的な内容を学びたい方へ】

『自分の弱さをいとおしむ：臨床教育学へのいざない』

　　　　　　　　　　　　　　　　　　　　　　庄井良信（2004）高文研

　人は強み（ストレングス）だけでなく、弱い部分ももっています。苦手なことがあったり、不安になったり、悩んだり、困難に打ちひしがれたりすることもあるでしょう。目の前にいる相手にも自分にもこの弱さがあることを認めること、つまり、ありのままを認められることが、対人援助を支えるのではないかと思います。本書は、長年教育臨床に携わってきた著者が経験の中で感じ考えてきたことが綴られています。人を肯定する、ありのままを受けとめる、ということの意味を考えさせてくれる本です。

【学習を深めたい方へ】

『「助けて」が言えない：SOSを出さない人に支援者は何ができるか』

　　　　　　　　　　　　　　　　　　　　松本俊彦編（2019）日本評論社

　教育相談を含む相談支援の現場に自ら相談をしに出向く人もいれば、葛藤や困難を抱えていても相談につながらない人もいます。本書は、援助を求められ

ない，あるいは求めたくないという思いに至る背景にはどのようなことがあるのか，そうした人たちに支援者は何ができるのかについて，多領域の支援者たちの経験と知恵がまとめられています。

第 8 章 ● コンサルテーションやコーディネーションの理解と方法

【基礎的理論・知識を学びたい方へ】

『学校心理士と学校心理学』

　　学会連合資格「学校心理士」認定運営機構監修　松浦宏他編（2004）北大路書房

　本書では，学校教育の現状や問題を直視し，教師や学校，教育委員会が学校教育の改善に向けてどのように取り組み，どのような課題をもっているのかを説明しています。そして，学校の実情に応じて，児童生徒や教師，学校を心理教育的に援助し，支援活動に生かすべき学校心理はどのようにすべきであるのかについて論述をしています。

【実践的な内容を学びたい方へ】

『石隈・田村式援助シートによるチーム援助入門：学校心理学・実践編』

　　　　　　　　　　　　　　石隈利紀，田村節子（2003）図書文化社

　学校生活の中で成長するとともに苦戦をしている子どもたちを援助していく基本は，子どものよいところ，強いところを見つけて伝えていくことで，自己肯定感を高め伸ばすとともに，周りにあって役に立ちそうなものや人を発見し生かして援助をしていくことです。本書ではチームによる援助の具体的な方法を解説するとともに，コラム等でさまざまなチーム援助の事例を紹介しています。

【学習を深めたい方へ】

国立特別支援教育総合研究所「教育相談情報提供システム」

　　　　　　　　　　http://forum.nise.go.jp/soudan-db/htdocs/?page_id=16

　　　　　　　　　　　　　　　　　　　　　　〔2021 年 2 月 22 日確認〕

　国立特別支援教育総合研究所のホームページでは，教育相談の基礎から具体

的な実践例まで広い範囲を網羅して紹介をしています。教育相談に関するさまざまな質問や対応例もあり，教育相談に関する文献や論文も多数紹介しています。コンサルテーションやコーディネーションについての具体的な方法や例もあり，検索システムもありますので，学んだ内容を具体的にとらえ直し，用語，用例を検索，具体的な対応について調べることができます。

第9章 ● 保育の場で行う教育相談と園内体制

【基礎的理論・知識を学びたい方へ】

『保育実践に求められる子育て支援』

小原敏郎，三浦主博編著（2019）ミネルヴァ書房

　保育現場で保育者は，相談援助を含む子育て支援の機能を担っています。本書では，その背景となる社会状況や，保育現場が子育て支援を担う根拠をふまえながら，子どもの最善の利益につながる子育て支援の基礎的な知識，技術について学べるよう構成されています。理論編に加え，演習編，事例編が用意されており，保育者の専門性を生かした支援について実践をイメージしながら学ぶことができる内容となっています。

【実践的な内容を学びたい方へ】

『保育現場の人間関係対処法：事例でわかる！職員・保護者とのつきあい方』

砂上史子編著（2017）中央法規出版

　保育は，子どもや保護者，保育者同士など，人とかかわり合いながら展開していく仕事であるため，多様な人間関係において多様な感情を経験します。葛藤を抱えることも少なくないでしょう。本書では，職員同士の関係や保護者との関係に焦点を当てながら，具体的な事例を通して具体的な対応のヒントを得ながら，相手とどのように関係性を育んでいけるのかを考えることができます。特に第4章，第5章では，初任保育者，若手保育者の具体的な事例も載っており，実践的な内容となっています。

【学習を深めたい方へ】

『保育に生かす心理臨床』　　　　馬場禮子，青木紀久代編（2002）ミネルヴァ書房

　子どもの領域の相談支援を学ぶ上では，子どもの心の発達の理解が必要となります。本書は，臨床心理学や乳幼児精神医学，発達障害の研究等の知見から，子どもの心の発達に関する理論の基礎が書かれています。また，心理臨床的な視点から，保育現場で親子を支える保育者のかかわり，保護者や保育者・地域との連携等，援助の実際についても解説されています。

第10章 ● 学校で行う教育相談と校内体制，関係機関との連携

【基礎的理論・知識を学びたい方へ】

『生徒指導提要』　　　　　　　　　　　文部科学省（2010）教育図書

　本書は，生徒指導に関する学校・教職員向けの基本書として，小学校段階から高等学校段階までの生徒指導の理論・考え方や実際の指導方法等を，時代の変化に即して網羅的にまとめたものです。第5章「教育相談」では，学校における教育相談に特化した内容になっています。コラムには「コーピング」「ケース会議」などが掲載されており，基礎的な知識を獲得できる内容となっています。

【実践的な内容を学びたい方へ】

「令和元年度　児童生徒の問題行動・不登校等生徒指導上の諸課題に関する調査結果について」　　　　　　　　　　　　　　　文部科学省（2020）

https://www.mext.go.jp/b_menu/houdou/mext_00351.html

〔2021年2月22日確認〕

　このサイトは，児童生徒の問題行動等（暴力行為，いじめ，不登校，自殺等の状況等）について行った調査結果をまとめたものです。児童生徒の問題行動の状況を正しく理解することは，教育相談における指導の効果を高める上でも重要な役割を果たします。調査結果は，毎年，更新されていきます。

『障害のある子どもの教育相談マニュアル』

国立特別支援教育総合研究所（2010）ジアース教育新社

　本書は，特別支援学校等で初めて特別支援教育コーディネーターとして指名され，校内支援や，近隣の幼稚園，小・中学校担任からの相談に対応する先生方を対象としています。将来，特別支援教育に携わりたいと考えている方にとっては，特別支援教育に必要な知識に加え，障害のある子どもの教育相談について学ぶことができます。

第11章 ● 開発的・予防的カウンセリングの理解と方法

【基礎的理論・知識を学びたい方へ】

『コミュニティ臨床への招待：つながりの中での心理臨床』

下川昭夫編（2012）新曜社

　本書は，コミュニティの中でいかに困っている人とつながりをつくり，維持し，ケアにつなげていくのかについて，理論的，実践的に学ぶことのできる1冊です。「つながり」をつくるのは，言うは易く行うは難しです。本書はその難しさにいかにアプローチしていくのかについて学ぶのに適した1冊となっています。

【実践的な内容を学びたい方へ】

『図解　自分の気持ちをきちんと〈伝える〉技術：人間関係がラクになる自己カウンセリングのすすめ』　　　　　平木典子（2007）PHP研究所

　本書は，アサーショントレーニングの理論と基礎，そして実践についてわかりやすく図解でまとめられたものです。自己尊重，人権尊重というアサーションの根幹が，実践する中で身につくようなしかけがしてあります。たんにコミュニケーションスキルを高めるだけでなく，自分も大切にできるようになる1冊です。

【学習を深めたい方へ】

『学校における自殺予防教育プログラム GRIP：5 時間の授業で支えあえるクラスをめざす』　　　　　　　川野健治，勝又陽太郎編著（2018）新曜社

　本書では，学校でできる自殺予防教育について，その理論的背景と実践のためのプログラムを学ぶことができます。「自殺予防教育」と銘打っていますが，実際のプログラム（授業）では「自殺」という言葉はまったく出てきません。むしろ，居心地のよいクラスづくりをめざすプログラムとも言うことができ，子どもの自殺だけでなく，いじめ，不登校のための開発的・予防的カウンセリングについて学びを深めることのできる 1 冊となっています。

第 **12** 章 ● 学校教育における集団的アプローチ

【基礎的理論・知識を学びたい方へ】

『グループ・ダイナミックス：集団と群集の心理学』　釘原直樹（2011）有斐閣

　本書は，個人と集団との関係や，人が集団としてまとまるとどのような現象が生じやすくなるのかなど，集団に関する理論についての入門書となっています。理論的な内容だけでなく，実際に起こった事例や研究例なども記載されているため，集団についての基礎的な知識と理解を深めるのに適した 1 冊となっています。

【実践的な内容を学びたい方へ】

『構成的グループエンカウンター事典』

　　　　　　　　　　　　　　國分康孝，國分久子総編集（2004）図書文化社

　本書は，構成的エンカウンターグループの理論的背景から実践に至るまでを網羅した 1 冊です。学校教育でいかに導入していくか，授業の手順や多種多様なエクササイズ例が具体的に紹介されています。構成的エンカウンターグループをまったくやったことがないという人でも，この 1 冊があれば安心という必携の書です。

『「自分らしさ」を認める PCA グループ入門：新しいエンカウンターグループ
法』
村山正治編著（2014）創元社

　本書は，ロジャーズのパーソン・センタード・アプローチ（PCA）の理論を
もとに，著者が新たなエンカウンターグループの在り方についての展開を示し
たものとなっています。グループの活動でありながらも，参加者一人ひとりの
ペースや在りようを尊重することで，個々の違いを互いに認めることができる
ようになる，カウンセリング的な役割をもつグループ活動となっています。学
校以外にも，企業や病院等でも活用可能な，応用の書となっています。

第13章 ● 多様なニーズのある子どもの教育相談と支援体制

【発達障害についての基礎的知識を深めたい方へ】

『データで読み解く発達障害』
平岩幹男総編集（2016）中山書店

　本書では，発達障害について，主に医学的な面から研究結果に基づく理解や
支援方法など，客観的な知識を系統的に整理することができます。発達障害に
ついては，さまざまなメディアで取り上げられ，インターネットを使ってすぐ
に膨大な情報が手に入ります。しかし，発達障害研究は日進月歩であるため，
古いデータに基づくものや，客観的根拠に乏しい迷信や誤解も含まれているこ
とがあります。教育相談にかかわる専門職にとっては，的確な知識が不可欠で
す。

【特別支援教育の基礎的知識を整理し実践的な内容を知りたい方へ】

『学校現場ですぐに役立つ！　キーワードでわかるはじめての特別支援教育』
柘植雅義監修（2015）学研教育出版

　本書は，特別支援教育の理念，制度，各障害の理解の基本的事項について，
章ごとに簡潔に整理された内容になっています。また，必要な章だけ読むこと
もでき，特別支援教育について深く学んだことがない方でも，理解しやすく読
みやすいように工夫されています。各章の事例は，教育相談であがってくるこ

との多い内容をモデル的に示していて，実態の把握や支援のアイディアなど，このテキストの読者にとっても有益な資料となるでしょう。

【多様なニーズのある子どもの教育についての学びを深めたい方へ】

『特別支援教育の到達点と可能性：2001 〜 2016 年：学術研究からの論考』

柘植雅義，インクルーシブ教育の未来研究会編（2017）金剛出版

「多様なニーズのある子ども」の教育は，特別支援教育の範囲には収まりません。そのため，日本だけでなく，国際比較の視点から特別支援教育について考えることも重要です。本書は，ギフテッドや2E（発達障害と優れた才能を併せもっている）など，現在の特別支援教育でカバーできていない子どもの理解や支援も含めて，研究結果に基づく客観的な根拠を示しながら解説されています。内容は充実しており読み応えがありますが，教育相談の在り方に重要な示唆を得られるでしょう。

第 **14** 章 ● 集団不適応への支援と地域における専門家との連携や制度の活用

【「認知の歪み」への支援について学校でできることを考えたい方へ】

『教室でできる　気になる子への認知行動療法：「認知の歪み」から起こる行動を変える 13 の技法』　　　　　　　　松浦直己（2018）中央法規出版

本書では，学校で不適応行動を起こす原因の 1 つと考えられる「認知の歪み」について，認知行動療法的アプローチによって行動を改善する方法を学ぶことができます。紹介されているすべての事例が通常の小・中学校の子どもたちにとって「よく見られる」場面のトラブルであり，読者にとって教育相談による問題解決のためのアイディアとして有益な情報を提供してくれるでしょう。

【不適応行動への支援方法を深く学びたい方へ】

『3 ステップで行動問題を解決するハンドブック：小・中学校で役立つ応用行動分析学』　　　　　　　　　　大久保賢一（2019）学研教育みらい

本書のねらいは，読者が日々の教育活動の中で応用行動分析学（ABA）の理論や技法を「自分のもの」として扱えるようになり，自ら解決策を導き出せる

ようになることにあります。行動上の問題に対する教育相談において，支援者自身で問題解決ができるようになることはとても重要です。著者は，行動支援において重要なこととして，「問題行動をやめさせることや言うことを聞かせることではなく，子どもの適応的な行動を育てること」をあげています。このことは，教育相談にかかわる専門家にとって常に心がけなければならないことです。

【専門家間の連携を含めた教育相談全般について学びを深めたい方へ】

『子ども臨床とカウンセリング』　　　　　　　　伊藤健次編（2013）みらい

　教育相談において重要なことに，心理学やカウンセリングに関する正確な知識と確かな技法，さまざまな子どもの理解，地域における支援リソースの理解があります。本書は，主に保育者を対象とした子どもの理解と教育相談に関するテキストですが，非常に重要な内容について整理されており，このテキストの読者にとっても，教育相談の専門家をめざす方にとっても必読の書といえます。教育相談はカウンセラーだけではできません。さまざまな専門家の「守備範囲」を整理することが重要です。

第15章 ● 家族への支援と地域における専門家との連携や制度の活用

【基礎的理論・知識を学びたい方へ】

『イギリスの子ども虐待防止とセーフガーディング：学校と福祉・医療のワーキングトゥギャザー』

　　　　　　　岡本正子，中山あおい，二井仁美，椎名篤子編著（2019）明石書店

　子ども虐待の防止と予防のためには，教育現場だけではなく，福祉，医療と連携して対応することが必要です。本書では，子どもの安全を守ること（セーフガーディング）を政策として展開するイギリスにおいて，機関連携がどのように行われているか紹介するとともに，我が国の学校における子ども虐待対応の課題や先駆的な取り組みについても述べられています。子どもの安全を守るために教育機関がどのように機能していけるのか考えるためのヒントになりま

す。

【実践的な内容を学びたい方へ】

『興奮しやすい子どもには愛着とトラウマの問題があるのかも：教育・保育・
　福祉の現場での対応と理解のヒント』

西田泰子，中垣真通，市原眞記（2017）遠見書房

　本書は児童心理治療施設で実践を積んだ著者たちが，さまざまな理由で心に
傷を受けた子どもたちの行動の背景について理解をしようと試み，その上で実
施している具体的な支援方法について学ぶことができます。些細なことに怒り，
止めようとするとさらに興奮してしまう子どもと，子どもも大人も安心できて，
楽しく過ごしていくことをめざすために基本となる考え方やかかわり方がわか
りやすく述べられています。

【学習を深めたい方へ】

『不登校支援の手引き：児童精神科の現場から』　　　山崎透（2019）金剛出版

　本書は不登校という現象を，児童精神科医である筆者がどのようにとらえ，
子どもの支援をしているかが書かれています。他機関連携をする場合，互いに
どのような考え方をもち，子どもや家庭に対してどのように働きかけるのかと
いうことを理解することが必要です。本書は医師の視点から，子ども，保護者
（家庭環境），学校の見立てと連携について具体的に述べられており，教育相談
に携わる方々にも一読の価値があります。

引用・参考文献

【第1章】

松村康平，斎藤緑編著（1991）『人間関係学』関係学研究所

武藤安子，上原貴夫編著（2007）『発達支援：ゆたかな保育実践にむけて』ななみ書房

文部科学省（2019）幼児理解に基づいた評価（平成31年3月）

吉川晴美編著（2015）『共に育つ：人間探求の児童学〔補訂版〕』宣協社

義永睦子（2019）保護者の理解とかかわり方　小原敏郎，橋本好市，三浦主博編『演習・保育と子育て支援』みらい

【第2章】

いじめ防止対策推進法

　　　https://www.mext.go.jp/a_menu/shotou/seitoshidou/1337278.htm〔2021年2月22日確認〕

教育基本法

　　　https://www.mext.go.jp/b_menu/kihon/about/mext_00003.html〔2021年2月22日確認〕

国立大学教育実践研究関連センター協議会・教育臨床部会編（2007）『新しい実践を創造する学校カウンセリング入門』東洋館出版社　p.4

中央教育審議会（2012）共生社会の形成に向けたインクルーシブ教育システム構築のための特別支援教育の推進（報告）　p.3

文部科学省（2010）生徒指導提要　p.1

文部科学省（2012）通常の学級に在籍する発達障害の可能性のある特別な教育的支援を必要とする児童生徒に関する調査結果について　p.3

文部科学省（2017）いじめの防止等のための基本的な方針

　　　https://www.mext.go.jp/component/a_menu/education/detail/__icsFiles/afield-file/2018/03/19/1304156_02_2_1.pdf〔2021年2月22日確認〕

文部科学省（2018）中学校学習指導要領（平成29年告示）　pp.25-27

文部科学省（2020）平成30年度児童生徒の問題行動・不登校等生徒指導上の諸課題に関する調査結果について　pp.70-71

ユネスコ（1994）サラマンカ宣言

　　　https://www.nise.go.jp/blog/2000/05/b1_h060600_01.html〔2021年2月22日確認〕

【第3章】

石隈利紀，田村節子（2003）『石隈・田村式援助シートによるチーム援助入門：学校心理学・実践編』図書文化社

一般財団法人日本心理研修センター監修（2018）『公認心理士現任者講習会テキスト［2018年版］』金剛出版

上野一彦（2008）『図解　よくわかるLD「学習障害」：発達障害を考える・心をつなぐ』ナツメ社

榊原洋一（2008）『図解　よくわかるADHD「注意欠陥多動性障害」：発達障害を考える・心をつなぐ』ナツメ社

榊原洋一（2008）『図解　よくわかる自閉症：発達障害を考える・心をつなぐ』ナツメ社

中央教育審議会（2015）チームとしての学校の在り方と今後の改善方策について（答申）

American Psychiatric Association 編　日本精神神経学会日本語版用語監修　髙橋三郎，大野裕監訳　染矢俊幸，神庭重信，尾崎紀夫，三村將，村井俊哉訳（2014）『DSM-5　精神疾患の分類と診断の手引』医学書院

【第4章】

東京都特別支援教育推進室　平成25年度　就学相談講習会「支援を必要な幼児及び保護者に対する早期連携・早期支援について」

令和2年度　豊島区の特別支援学級と就学相談
　　http://www.city.toshima.lg.jp/360/kosodate/gakko/sodan/documents/r02tokushigakkyu-to-syugakusoudan.pdf〔※デッドリンク。2021年2月22日確認〕

【第5章】

ベネッセ総合研究所（2014）小中学生の学びに関する実態調査（速報版）　p.6, 15

文部科学省（2010）生徒指導提要

文部科学省（2018）平成29年度　児童生徒の問題行動・不登校等生徒指導上の諸課題に関する調査（平成30年10月）

文部科学省（2020）文部科学統計要覧（令和2年版）

【第6章】

一般財団法人日本心理研修センター監修（2018）『公認心理士現任者講習会テキスト［2018年版］』金剛出版

日本臨床心理士会ホームページ「臨床心理士の面接療法」
　　http://www.jsccp.jp/near/interviewtop.php〔2021年2月22日確認〕

馬場謙一，橘玲子編著（2005）『改訂版　カウンセリング概説』放送大学教育振興会

前田重治（1978）『心理療法の進め方：簡易分析の実際』創元社

【第7章】

片野智治（2001）構成的グループ・エンカウンター　國分康孝監修　瀧本孝雄編集責任　井上勝也他編『現代カウンセリング事典』金子書房

株式会社マクロミル，認定NPO法人カタリバ協働調査（2018）株式会社マクロミル・認定NPO法人カタリバ協働調査　2018年思春期の実態把握調査

國分康孝（2001）教育カウンセリング　國分康孝監修　瀧本孝雄編集責任　井上勝也他編『現代カウンセリング事典』金子書房

日本学校教育相談学会刊行図書編集委員会編著（2006）『学校教育相談学ハンドブック』ほんの森出版

広木克行編（2008）『教育相談』学文社

【第8章】

石隈利紀，田村節子（2003）『石隈・田村式援助シートによるチーム援助入門：学校心理学・実践編』図書文化社

学会連合資格「学校心理士」認定運営機構監修（2004）『講座「学校心理士：理論と実践」』北大路書房

国立大学教育実践研究関連センター協議会・教育臨床部会編（2007）『新しい実践を創造する学校カウンセリング入門』東洋館出版社

国立特別支援教育総合研究所「教育相談情報供給システム」教育相談の基礎
　　　http://forum.nise.go.jp/soudan-db/htdocs/?page_id=16〔2021年2月22日確認〕

瀬戸美奈子，石隈利紀（2002）高校におけるチーム援助に関するコーディネーション行動とその基盤となる能力および権限の研究：スクールカウンセラー配置校を対象として　『教育心理学研究』50(2)　p.204-214

Brown, D., Pryzwansky, W. B., & Schulte, A. C. (1995) *Psychological consultation: introduction to theory and practice*. Allyn Bacon

【第9章】

小原敏郎，三浦主博編著（2019）『保育実践に求められる子育て支援』ミネルヴァ書房

厚生労働省「児童虐待相談対応件数の動向」
　　　https://www.mhlw.go.jp/stf/seisakunitsuite/bunya/kodomo/kodomo_kosodate/dv/index.html〔2021年2月22日確認〕

汐見稔幸，無藤隆監修　ミネルヴァ書房編集部編（2018）『〈平成30年施行〉保育所保育指針　幼稚園教育要領　幼保連携型認定こども園教育・保育要領　解説とポイント』ミネルヴァ書房

【第 10 章】

文部科学省（2007）児童生徒の教育相談の充実について：生き生きとした子どもを育てる相談体制づくり（報告）

　　https://www.mext.go.jp/b_menu/shingi/chousa/shotou/066/gaiyou/1369810.htm〔2021 年 2 月 22 日確認〕

【第 11 章】

自殺対策基本法（平成 18 年法律第 85 号）

　　https://elaws.e-gov.go.jp/document?lawid=418AC1000000085〔2021 年 4 月 3 日確認〕

河村茂雄（2006）『学級づくりのための Q-U 入門：「楽しい学校生活を送るためのアンケート」活用ガイド』図書文化社

厚生労働省（2017）自殺総合対策大綱：誰も自殺に追い込まれることのない社会の実現を目指して

　　https://www.mhlw.go.jp/stf/seisakunitsuite/bunya/hukushi_kaigo/seikatsuhogo/jisatsu/taikou_h290725.html〔2021 年 4 月 3 日確認〕

濱口佳和（1994）児童用主張尺度の構成　『教育心理学研究』42．pp.463-470

文部科学省（2019）平成 30 年度児童生徒の問題行動・不登校等生徒指導上の諸課題に関する調査結果について

　　https://www.mext.go.jp/b_menu/houdou/31/10/1422020.htm〔2021 年 4 月 3 日確認〕

Bower, S. A., & Bower, G. H.（1976）*Asserting yourself: A practical guide for positive change.* Addison-Wesley

Caplan, G.（1964）*Principles of Preventive Psychiatry.* Basic books.（新福尚武監訳，河村高信等訳　1970　『予防精神医学』朝倉書店）

Mrazek, P.J. & Haggerty, R.J. Eds（1994）*Reducing risks for mental disorders Frontiers for preventive intervention research.* National Academy Press

World Health Organization（1997）Life skills education for children and adolescents in schools.

【第 12 章】

相川充（2008）小学生に対するソーシャルスキル教育の効果に関する基礎的研究　『東京学芸大学紀要』59　pp.61-79

岡田宏（1997）エクササイズ実践マニュアル　國分康孝監修，國分久子，片野智治編『エンカウンターで学級が変わる　Part2　中学校編』図書文化社

押江隆（2012）日本の学校臨床におけるエンカウンター・グループの文献的展望　『山口

大学教育学部附属教育実践総合センター研究紀要』34　pp.97-106

國分康孝（1981）『エンカウンター：心とこころのふれあい』誠信書房

國分康孝編（1992）『構成的グループ・エンカウンター』誠信書房

國分康孝，國分久子総編集（2004）『構成的グループエンカウンター辞典』図書文化社

佐々木正輝，菅原正和（2009）小学校における学校心理学的援助の方法と構成的グループエンカウンター（SGE）の有効性　『岩手大学教育学部附属教育実践総合センター研究紀要』8　pp.107-117

則定百合子（2008）青年期における心理的居場所感の発達的変化　『カウンセリング研究』41　pp.64-72

村山正治，野島一彦（1977）エンカウンターグループ・プロセスの発達段階　『九州大学教育学部紀要教育心理学部門』21　pp.77-84

山口豊一，西野秀一郎，市川実咲，関知重美，下村麻衣，高橋美久，野島一彦（2017）中学生に対する構成的グループ・エンカウンターの効果に関する研究：固定化された人間関係の活性化を目指して　『跡見学園女子大学文学部紀要』52　pp.147-163

【第13章】

中井昭夫（2016）発達性協調運動障害　平岩幹男総編集『データで読み解く発達障害』中山書店　pp.80-89

法務省（2020）国籍・地域別在留外国人数の推移

　　http://www.moj.go.jp/content/001317545.pdf〔2021年2月22日確認〕

文部科学省（2012）「通常の学級に在籍する発達障害の可能性のある特別な教育的支援を必要とする児童生徒に関する調査」調査結果

　　https://www.mext.go.jp/a_menu/shotou/tokubetu/material/__icsFiles/afield-file/2012/12/10/1328729_01.pdf〔2021年2月22日確認〕

文部科学省（2016）性同一性障害や性的指向・性自認に係る，児童生徒に対するきめ細かな対応等の実施について（教職員向け）周知資料

　　https://www.mext.go.jp/b_menu/houdou/28/04/1369211.htm〔2021年2月22日確認〕

文部科学省（2020）特別支援教育資料（令和元年度）

　　https://www.mext.go.jp/a_menu/shotou/tokubetu/material/1406456_00008.htm〔2021年2月22日確認〕

Autism and Developmental Disabilities Monitoring Network（2020）*2020 Community Report on Autism*. Centers for Disease Control and Prevention（CDC）, October 2, 2020

　　https://www.cdc.gov/ncbddd/autism/addm-community-report/index.html〔2021年2月22日確認〕

Matsushita, H., Okumura, M., Sakai, T., Shimoyama, M., & Sonoyama, S.(2019) Enroll-
ment rate of children with selective mutism in kindergarten, elementary school,
and lower secondary school in Japan. *Journal of Special Education Research*, 8(1),
pp.11-19

【第 14 章】
片山紀子（2016）いじめ　角田豊，片山紀子，小松貴弘編著『子どもを育む学校臨床
力：多様性の時代の生徒指導・教育相談・特別支援』創元社　pp.98-105
児島正樹（2016）不登校　平岩幹男総編集『データで読み解く発達障害』中山書店
pp.128-129
中川美保子（2012）いじめ・ネットいじめ　本間友巳編著『学校臨床：子どもをめぐる
課題への視座と対応』金子書房　pp.38-51
松浦直己（2018）『教室でできる　気になる子への認知行動療法：「認知の歪み」から起
こる行動を変える 13 の技法』中央法規出版
文部科学省（2018）いじめとは，何か　いじめ防止対策の推進に関する調査結果に基づ
く勧告を踏まえた対応について（通知）【別添 6】
https://www.mext.go.jp/component/a_menu/education/detail/__icsFiles/afield-
file/2018/03/19/1304156_004_2.pdf〔2021 年 2 月 22 日確認〕
文部科学省（2019）不登校児童生徒への支援の在り方について（通知）
https://www.mext.go.jp/a_menu/shotou/seitoshidou/1422155.htm〔2021 年 2 月 22 日
確認〕
文部科学省（2020a）初等中等教育の充実　令和元年度文部科学白書　pp.112-184
文部科学省（2020b）令和元年度　児童生徒の問題行動・不登校等生徒指導上の諸課題に
関する調査結果
https://www.mext.go.jp/content/20201015-mext_jidou02-100002753_01.pdf〔2021
年 2 月 22 日確認〕

【第 15 章】
阿部彩（2012）「豊かさ」と「貧しさ」：相対的貧困と子ども　『発達心理学研究』23〔4〕
pp.362-374
厚生労働省（2019）2019 年　国民生活基礎調査
https://www.mhlw.go.jp/toukei/saikin/hw/k-tyosa/k-tyosa19/dl/03.pdf〔2021 年
2 月 22 日確認〕
厚生労働省（2020）令和 2 年度の児童相談所での児童虐待相談対応件数（速報値）
https://www.mhlw.go.jp/content/000696156.pdf〔2021 年 2 月 22 日確認〕
嵯峨嘉子（2019）生活と貧困　山野則子編著『子どもの貧困調査：子どもの生活に関す

　　る実態調査から見えてきたもの』明石書店　pp.86-100

杉山登志郎（2007）『子ども虐待という第四の発達障害』学習研究社

山下剛徳，酒井滋子（2019）外国につながる子どもの生活　山野則子編著『子どもの貧
　　困調査：子どもの生活に関する実態調査から見えてきたもの』明石書店　pp.136-
　　161

山野則子編著（2019）『子どもの貧困調査：子どもの生活に関する実態調査から見えてき
　　たもの』明石書店

索　引

執筆者一覧

【編著者】

鳥海　順子（とりうみ　じゅんこ）
大妻女子大学家政学部教授
東京学芸大学卒業，同大学院修了（修士），筑波大学（論文博士）。聖セシリア女子短期大学教授，山梨大学教授等を経て，現職
著書に，『保育者論』（共編著，相川書房），『病児と障害児の保育』（共編著，文化書房博文社），『Q&Aで学ぶ障害児支援のベーシック』（共編著，コレール社）他

義永　睦子（よしなが　むつこ）
武蔵野大学教育学部教授
お茶の水女子大学卒業，同大学院修了（修士）。十文字学園女子短期大学兼任講師，東京家政学院大学兼任講師等を経て，現職
著書に，『Q&Aで学ぶ障害児支援のベーシック』（共編著，コレール社），『保育・教職実践演習』（共著，建帛社），『保育者論』（共著，同文書院）他

【執筆者】（所属等は 2021 年 4 月現在）

鳥海　順子　上掲
　担当：まえがき，第2章，文献案内

義永　睦子　上掲
　担当：まえがき，第1章，文献案内

菅田　公子　練馬区学校教育支援センター心理教育相談員
　担当：第3章，第4章，第6章，文献案内

叶　雅之　武蔵野大学講師
　担当：第4章，第5章，第8章，文献案内

山﨑　淳　武蔵野大学特任教授
　担当：第5章，文献案内

堀米　孝尚　武蔵野大学特任教授
　担当：第5章，文献案内

野中　繁　武蔵野大学教授
　担当：第5章，文献案内

氷室　綾　武蔵野大学講師
　担当：第7章，第9章，文献案内

樋口　昇　武蔵野大学教授
　担当：第10章，文献案内

川本　静香　山梨大学准教授
　担当：第11章，第12章，文献案内

松下　浩之　山梨大学准教授
　担当：第13章，第14章，文献案内

泉　さわこ　武蔵野大学心理臨床センター子ども相談部門相談員，公認心理師
　担当：第15章，文献案内

子ども理解と教育相談

〜移行期支援の視点から〜

| 2021（令和3）年5月25日 | 初版第1刷発行 |
| 2024（令和6）年4月 1 日 | 初版第3刷発行 |

編著者　鳥海　順子
　　　　義永　睦子
発行者　錦織　圭之介
発行所　株式会社東洋館出版社
　　　　〒101-0054 東京都千代田区神田錦町2丁目9番1号
　　　　　　　　　　コンフォール安田ビル2階
　　　　代　表　電話03-6778-4343　FAX03-5281-8091
　　　　営業部　電話03-6778-7278　FAX03-5281-8092
　　　　振　替　00180-7-96823
　　　　Ｕ Ｒ Ｌ　https://www.toyokan.co.jp

印刷・製本　　　　　藤原印刷株式会社
装丁・本文デザイン　藤原印刷株式会社
イラスト　　　　　　池田　馨（株式会社オセロ）

ISBN978-4-491-04356-2　　　　Printed in Japan